HISTÓRIAS REAIS & REFLEXÕES

EDITORA EME

Solicite nosso catálogo completo, com mais de 400 títulos, onde você encontra as melhores opções do bom livro espírita: literatura infantojuvenil, contos, obras biográficas e de autoajuda, mensagens espirituais, romances, estudos doutrinários, obras básicas de Allan Kardec, e mais os esclarecedores cursos e estudos para aplicação no centro espírita - iniciação, mediunidade, reuniões mediúnicas, oratória, desobsessão, fluidos e passes.

E caso não encontre os nossos livros na livraria de sua preferência, solicite o endereço de nosso distribuidor mais próximo de você.

Edição e distribuição

EDITORA EME

Caixa Postal 1820 - CEP 13360-000 - Capivari-SP
Telefones: (19) 3491-7000 | 3491-5449
Vivo (19) 9 9983-2575 | Claro (19) 9 9317-2800
vendas@editoraeme.com.br - www.editoraeme.com.br

WALDENIR CUIN

HISTÓRIAS REAIS & REFLEXÕES

Capivari-SP
– 2020 –

Os direitos autorais desta obra foram cedidos pelo autor para a Editora EME, o que propicia a venda dos livros com preços mais acessíveis e a manutenção de campanhas com preços especiais a Clubes do Livro de todo o Brasil.

A Editora EME mantém o Centro Espírita "Mensagem de Esperança" e patrocina, junto com outras empresas, instituições de atendimento social de Capivari-SP.

1ª edição - fevereiro/2020 - 3.000 exemplares

CAPA | vbenatti
PROJETO GRÁFICO E DIAGRAMAÇÃO | Marco Melo
REVISÃO | Letícia Rodrigues de Camargo

Ficha catalográfica

Cuin, Waldenir Aparecido, 1952
Histórias reais e reflexões / Waldenir Aparecido Cuin - 1ª ed. fev. 2020 - Capivari, SP: Editora EME.
216 p.

ISBN 978-85-9544-171-2

1. Espiritismo. 2. Relato de histórias reais. 3. Reflexões espíritas. 4. Textos motivacionais.
I. TÍTULO.

CDD 133.9

Dedico este livro ao senhor Constantino Santoro, desencarnado recentemente, pelos exemplares serviços prestados ao espiritismo em Votuporanga-SP e região, por longas décadas de intensa dedicação e perseverança.

Agradecimento

Agradeço a publicação dos artigos que compõem este livro, especialmente:

- Jornal *Diário de Votuporanga;*
- Jornal *A Cidade* (Votuporanga, SP);
- *Folha Espírita;*
- *O Consolador* (revista eletrônica, Londrina-PR);
- *Luz e Verdade* (Lisboa, Portugal).

SUMÁRIO

Introdução

Jesus Cristo, o governador da Terra, conforme nos informa o espírito Emmanuel, no livro *A caminho da luz,* no contexto do seu exemplar método de ensino não dispensou as narrativas, histórias e parábolas.

Humberto de Campos, o Irmão X, em sua literatura de além-túmulo, através de Francisco Cândido Xavier, também notabilizou as narrativas, histórias e contos.

Ambos, dentro das respectivas condições evolutivas, legaram à humanidade intenso repositório de preciosas lições, lançando mão do método citado, o que permite a todos nós maior amplitude das possibilidades de aprendizado.

As narrativas, histórias, parábolas e contos facilitam, e muito, a nossa compreensão sobre os mais variados assuntos. E, por certo, se as personalidades citadas fizeram uso delas tinham segurança sobre seus valores educativos.

Aprendendo com Jesus e Humberto de Campos, juntei inúmeras histórias reais, que vivenciei ao longo de anos e as inseri neste livro, com o propósito de contribuir, de alguma forma, para a divulgação dos postulados espirituais.

Tais histórias estão na primeira parte deste livro.

Na segunda parte alinhei algumas reflexões que nos remeterão ao aprofundamento dos estudos de nossas meditações sobre *O Livro dos Espíritos* e o Evangelho de Jesus.

Boa leitura.

O autor

Primeira parte

HISTÓRIAS REAIS

Capítulo 1

Um caso de obsessão

Do que plantares, colherás.
Paulo, Gálatas, 6:7

A SESSÃO MEDIÚNICA FOI aberta. A primeira comunicação trouxe um espírito altamente revoltado, agressivo, demonstrando imenso descontentamento com o grupo que o recebia.

- Eu odeio vocês. Estão atrapalhando a execução dos meus planos. Tracei uma meta de vingança e agora que me aproximei daqueles que me vitimaram, as ações desse grupo estão impedindo que concretize meus objetivos. Não consigo entender, quando organizaram aquela tragédia ninguém me ajudou, agora saem em socorro deles. Onde está a justiça? Quero vingança, vingança...

- Calma, meu irmão - interveio o orientador do grupo mediúnico - antes de tudo vamos confiar em Deus...

- Confiar em Deus? Onde estava Deus quando me agrediram?

- Meu irmão, Deus está sempre presente e conosco, mas nem sempre estamos com Ele. Asserene o seu coração, vamos conversar. Para tudo tem uma explicação. A Justiça Divina é perfeita. Queremos ajudá-lo, não cercear seu livre-arbítrio.

- Ajudar? Impedindo a realização dos meus planos? Há cinquenta anos, eu era um homem maduro, possuidor de muitos bens materiais e de um bom seguro de vida. Conheci uma jovem e me encantei com ela, acabei apaixonado e sentia que ela também correspondia aos meus encantos. Eu a amei intensamente a ponto de me casar com ela de conformidade com os dispositivos legais. Não quis uma união clandestina, pois identificava os meus sentimentos e acreditava nos sentimentos dela.

"Vivemos um bom tempo com grande alegria e contentamento, mas numa tarde fatídica, ao retornar para casa, fui assaltado e nesse episódio perdi a minha vida física. Retornei ao mundo espiritual em total desespero, caminhei por vielas sombrias dentro do inconformismo e revolta. Tempos depois passei a procurar pela causa de tal acontecimento e eis que, estarrecido, descobri que minha própria esposa, em conluio com o chefe de polícia local, tramou a minha morte.

"Juntaram-se para usurpar os meus bens, pois para um chefe de polícia não seria difícil ocultar os autores desse bárbaro crime. Olha como eu estou, um verdadeiro farrapo humano, destroçado, desfigurado, enquanto ela segue esbelta, bonita como sempre. Não tenho razão no meu desejo de vingança?"

– Comove-nos muito ouvir o seu triste relato, meu irmão, mas ela não está como você a vê. Você guardou na mente a imagem de cinquenta anos atrás. Na verdade, para ela também passou o mesmo tempo. Observa agora o quadro que o nosso benfeitor lhe apresenta. Essa que vê agora é aquela criatura a quem você se refere, ao lado do homem que se uniu a ela para a trama que relatou. Verifique em que situação eles estão. Eles sim são verdadeiros farrapos humanos, colhendo hoje os reflexos das ações daquele dia. Doentes, abandonados a mercê da caridade alheia. É a lei da ação e reação meu irmão...

O espírito ao identificar aquelas criaturas na penúria em que se encontravam, abrandou um pouco sua disposição de vingança. Bastou isso para que sua mãe que estava presente na sessão mediúnica se fizesse visível e, abraçando-o, ambos em lágrimas, foi possível socorrê-lo. A partir daquele instante, aquela mãezinha feliz acolheu no colo o filho amado que começava sua jornada de redenção.

"Do que plantares, colherás". Muitos processos obsessivos nascem dos desequilíbrios morais que cultivamos. Dentro da lei de causa e efeito, sempre estaremos defrontando com os reflexos do que fazemos. Assim sendo, vigiemos nossas atitudes e sempre façamos o bem.

Capítulo 2

A FORÇA CONTAGIOSA DE UMA INICIATIVA NO BEM

Não sabeis que um pouco de fermento leveda a massa toda?
Paulo, I Coríntios, 5:6

NAQUELE SÁBADO À TARDE, as atividades assistenciais da instituição de filantropia e promoção humana, erguida pela iniciativa de um grupo de idealistas no bem, em um bairro carente da cidade, estavam chegando ao seu final, quando duas senhoras de semblantes sofridos se aproximaram de um grupo de voluntários pedindo socorro, narrando a aflição que as torturava naquela oportunidade.

Haviam chegado, recentemente, de um estado nordestino, com seus maridos e mais dois irmãos, onde viviam em extrema pobreza e sem quaisquer perspectivas de uma vida digna. Ambas deixaram lá seus filhos, que desejavam buscar tão logo conseguissem condições para isso.

Vieram procurar trabalho e melhores condições de vida. No entanto, com os parcos recursos financeiros que tinham, pagaram a passagem de ônibus, numa viagem que durou três dias e três noites. Na cidade, os seis adultos, se acomodaram em um único cômodo de dezesseis metros quadrados, desprovidos de qualquer mobiliário, pois que chegaram apenas com a roupa do corpo e mais algumas peças pessoais. Comiam algum alimento por caridade de outras famílias nordestinas, que há mais tempo estavam na cidade e já melhor acomodados.

Dormiam no chão, sobre alguns lençóis usados e tudo o precisavam para aquele momento, eram colchões, roupas de cama, fogão e uma cesta básica de alimentos.

No entanto, àquela altura, nada mais havia na instituição para ser doado, uma vez que no atendimento de mais de duzentas pessoas naquele dia, tudo o que tinha já havia sido distribuído aos necessitados. Apenas foi possível a destinação de um pouco de alimento e a promessa de que, na semana vindoura, os voluntários fariam o possível para amenizar as agruras daquele grupo recém-chegado.

Sem dúvida, o drama dos irmãos nordestinos comoveu a todos e encerradas as atividades, cada trabalhador daquela casa fraterna retornou ao seu lar com a proposta de voltar no sábado seguinte.

Mas, um dos voluntários, refletindo sobre o sofrimento daquelas criaturas, dormindo no chão duro e frio, comendo o que ganhavam, totalmente desconhecidas na cidade, lembrando-se dos semblantes das duas mães que vertiam lágrimas abundantes quando se referiam aos filhos que ficaram, não conseguia aquietar o seu pensamento e buscava, insistentemente, um jeito de aliviar, pelo menos um pouco, as agruras e as aflições daqueles necessitados o mais rápido possível, pois entendia que para quem estava sofrendo, o sábado seguinte demoraria muito para chegar.

No dia seguinte, domingo, pela manhã, os

companheiros solidários, se reuniriam para uma palestra doutrinária. Ali estava a chave para a solução do problema, pensou. No final da preleção pediria a palavra e perante a plateia presente, relataria aquele drama, solicitando, posteriormente, a colaboração imediata de quem dispusesse ajudar.

Assim fizera, e para sua agradável surpresa, em menos de dez minutos, já tinha em mãos uma relação contendo um fogão, três colchões de solteiro, dois de casal, uma cama de solteiro, uma cama de casal, uma geladeira e uma infinidade de peças de roupa de cama e utensílios de cozinha.

Naquele mesmo instante, saiu eufórico e vibrante, a coletar os objetos e em duas horas, mais ou menos, os irmãos nordestinos recebiam a generosa doação num clima de comoção e alegria.

Quando a entrega acabara de ser feita, entre os abraços fraternos que a ação gerou, o telefone daquele voluntário sensível tocou e do outro lado um jovem que tinha ouvido o apelo, e que naquele momento estava reunido com um grupo de jovens que formava a mocidade daquela instituição informou que, comovidos com a situação exposta, também se cotizaram e conseguiram um botijão de gás, uma cesta básica de alimento e grande quantidade de roupas de cama. Queria o endereço para fazer a entrega.

Por certo, o valor material das doações não importava muito, embora a importância delas para os que precisavam. Importava, sim, a sensibilidade, o altruísmo, o verdadeiro amor, aquele de sentir no coração as dores e as aflições que torturam os irmãos do caminho.

Se todos os voluntários daquela instituição tivessem apenas registrado o problema, obviamente o socorro só aconteceria na semana seguinte, isso se não caísse no esquecimento, ante as tribulações em que vivemos. Mas, bastou que um deles agisse de forma diferente e o contágio se deu no grupo todo.

Não podemos ignorar a força contagiosa de uma atitude solidária, o poder de uma iniciativa no bem. Não temos condições de mensurar até onde pode ir um gesto de amor.

Reflitamos.

Capítulo 3

Não fazemos somente o mal

Auxilia aos semelhantes, tanto quanto puderes, para que não te falte o auxílio alheio, quando isso se te faça necessário.

Emmanuel, psicografia de Francisco C. Xavier, *Paciência*, item 16

– NÃO AGUENTO MAIS tantas acusações, eu errei sim, mas não param de apontar o dedo na minha direção me culpando por tantos infortúnios. Pelo amor de Deus me ajudem, socorro, socorro...

Era o espírito Maria Lucinda que chegava à

sessão mediúnica destinada a amparar os sofredores, em torturante desespero, ante a situação desconfortável em que se encontrava.

– Tenha calma, minha irmã, em nome de Deus aqui estamos para ampará-la. Seja bem-vinda a nossa Casa.

– Por favor, tenham piedade de mim, só ouço acusações, gritos desesperados. Estou cercada por criaturas que afirmam que as atirei na vala do sofrimento. Não aguento mais, faz muito tempo que sofro assim...

– Minha irmã, a Providência Divina a ninguém desampara.

– Sou uma réproba, cometi muitos erros, tenho consciência disso e por certo Deus não me perdoará, eu só fiz o mal, minha vida foi um equívoco, não tenho salvação, piedade, piedade...

– Não fazemos somente o mal, minha irmã, mesmo que seja em doses diminutas, em nossa existência alguma coisa boa realizamos. Você está sendo socorrida, confie.

– Não, não, ninguém poderá fazer nada por mim, meus erros foram muitos, comprometi a vida de muita gente, de muitas mulheres e crianças...

Nesse momento, inspirado pelo espírito benfeitor que atuava na referida sessão mediúnica, o responsável pelo atendimento a Maria Lucinda começou a narrar.

- Lembra-se, minha irmã, de uma manhã de domingo, quando sentada na varanda de sua residência recebeu uma jovem desesperada, com o cabelo em desalinho e semblante abatido, pedindo que a acolhesse em sua casa de prostituição para que pudesse viver ali e ganhar a vida, pois que fora expulsa da casa dos pais por estar grávida?

- Quem lhe falou sobre isso, aqui ninguém sabe a respeito.

- Isso não importa agora, mais sim a sua ação benfeitora, pois que condoída com a deplorável situação da jovem você não a acolheu nas dependências onde mulheres, sob o seu comando, vendiam ilusões e prazeres. Sendo proprietária de outro imóvel pequeno, depois de mobiliá-lo, pois que era detentora de largos recursos financeiros, a instalou lá. Foi, além disso, pois que em seguida procurou o homem, parceiro daquela jovem, orientando-o para que assumisse a sua responsabilidade. O casamento foi feito e além daquela gravidez que trouxe ao mundo um robusto garoto, o casal concebeu mais dois filhos. Ainda procurou os pais dos dois jovens e conseguiu convencê-los da necessidade de apoiarem o casal. Daí para frente a vida seguiu seu curso normal, tendo ganhado, diante das circunstâncias, dois filhos e três netinhos do coração, além da amizade e gratidão dos genitores.

- Meu Deus, como o senhor tem todos esses detalhes. Essa decisão me proporcionou as verdadeiras alegrias da minha infeliz vida...

Maria Lucinda, agora mais calma, encontrava um pouco de equilíbrio e serenidade.

- Veja, minha irmã, como na vida não fazemos somente o mal. Mas, por certo, sua curiosidade deseja saber como chegou até aqui agora, sendo socorrida, não é?

- Sim, ia perguntar isso.

- Então olhe bem para frente e veja quem vem chegando. Foram eles que rogaram a Deus em seu benefício.

Entre lágrimas e tremenda emoção Maria Lucinda repousa seus olhos cansados sobre os pais do casal que, com tanto carinho e atenção, um dia ela acolheu e cuidou como se fossem seus próprios filhos. Naquele quadro de sentimentos e emoções estava desenhada a lei de causa e efeito.

Tinha ela errado muito, sim, pois que por muitos anos se beneficiou financeiramente, juntando fortuna, explorando mulheres indefesas, numa casa de prostituição. No entanto, também se sensibilizou pelo drama de uma jovem desprotegida, que fora expulsa do lar.

O reflexo dos nossos erros nos apresentam amarguras e sofrimentos, já o reflexo dos nossos acertos e do bem que fazemos nos brinda com a serenidade e a paz. Temos a liberdade de decidir.

Reflitamos.

Capítulo 4

A opção de Mariana

Não julgueis, a fim de que não sejais julgados.
Jesus, Mateus, 7:1

MARIANA, NA ÉPOCA, CONTAVA com apenas onze anos de idade. Olhar faceiro e rosto jovial. Na expressão fisionômica, a transparência de carência afetiva.

Vez por outra abeirava a porta da creche erguida nas imediações de sua casa para solicitar algum tipo de socorro, ora para si mesma, ora para a mãe, pois viviam em extrema penúria material, sob o despotismo do padrasto desocupado e afeito a comportamentos menos dignos.

Com o passar do tempo foi ganhando a simpatia da direção da instituição socorrista, que viu a possibilidade de ampliar o leque de ação em favor daquela adolescente, apontando-lhe um norte, um caminho seguro ou, pelo menos, abrindo-lhe novas perspectivas.

Foi, então, convidada a ajudar no cuidado com as crianças que, em regime de semi-internato, viviam nas dependências daquela entidade assistencial, enquanto os pais trabalhavam.

Como condição, foi exigido de Mariana, que imediatamente fizesse matrícula na escola próxima, pois que havia abandonado os estudos.

E, nas horas que estava livre das obrigações escolares, permaneceria na instituição, ganhando para isso o material escolar, uniforme, uma cesta básica de alimentos e algum recurso financeiro, além da assistência educativa e reforço que pudesse ter necessidade quando no cumprimento de seus deveres de escola.

Dois anos transcorreram sem novidades e a menina se tornando moça, cada vez mais era envolvida pelo carinho e atenção da direção da creche. Querida por todos, era assistida com sentimento filial.

Num determinado dia a jovem não compareceu ao trabalho e a notícia explodiu como uma bomba: Mariana saiu de casa e foi morar com um homem!

Indagações e indignações.

Mas como isso aconteceu? Por quê? Depois de tudo que fizemos a ela, assim ela retribui? Teria sido forçada a tal decisão? Que loucura! Por que não conversou conosco colocando suas dúvidas? Tão criança e já rumando por veredas incertas?

Ninguém queria acreditar no que acontecia.

Mas era a pura realidade. Mariana, agora com treze anos, num gesto inesperado abandonou tudo e rumou com um jovem, por caminhos indefinidos.

Pior ainda, uma semana depois, totalmente desequilibrada desentendeu-se com o companheiro e passou a morar com outro e as coisas foram se complicando.

Na creche, onde ela trabalhava, continuava a indignação: como isso pôde acontecer depois de tantos conselhos, orientações, informações?

E os julgamentos partiam, muitos deles acusando a jovem de leviandade, irresponsabilidade, ingratidão...

Mas o que levaria, realmente, uma jovem tão bem assistida a agir assim?

Dias depois, Mariana, humilhada e cabisbaixa, retornava à porta da instituição. Indagada pela direção sobre a sua inesperada decisão limitou-se apenas a dizer:

– Eu tinha pela minha frente dois caminhos: ou eu me entregava ao padrasto que vinha me assediando violentamente, tendo por inúmeras vezes tentado me estuprar, sem, no entanto conseguir; ou eu saía de casa. Mas para onde ir se ele me ameaçava por onde eu tentasse, impedindo com violência, que minha mãe fizesse qualquer tentativa de me proteger? E, para abandonar o lar, somente seria possível na companhia de um homem que pudesse enfrentá-lo caso ele me seguisse. E entre ser estuprada por ele e a fuga do lar, preferi fugir de casa, pois talvez tivesse melhor sorte.

Bem que Jesus disse para que não julgássemos ninguém, pois atrás dos dramas das pessoas, quantas coisas podem estar acontecendo sem que saibamos.

Capítulo 5

A SANDÁLIA É "IGAU" (IGUAL)

É pela educação, mais do que pela instrução, que se transformará a Humanidade.
Allan Kardec, *Obras Póstumas*

APROXIMAVA-SE O DOMINGO DE Páscoa.

A instituição de assistência social e de promoção humana, naquela oportunidade, abrigava aproximadamente 100 crianças e adolescentes, enquanto seus pais trabalhavam. Ali eram desenvolvidas inúmeras atividades educativas e recreativas durante o dia.

Tinham os genitores suas vidas facilitadas,

pois que um grupo de voluntários, naquele recinto, com imenso amor e fraternidade zelava de suas proles, enquanto buscavam ganhar o pão de cada dia.

As crianças e adolescentes chegavam cedo e só saíam de lá bem à tardinha.

Os festejos alusivos à Páscoa estavam programados. Naquele dia, a quarta-feira que antecedia o domingo de Páscoa, a criançada estava eufórica. Mesa posta, cachorro-quente, refrigerantes, bolo e ovos de chocolate. Muitos ovos para a alegria e encantamento dos assistidos daquele logradouro de caridade.

Sem que os "pequenos" percebessem, uma funcionária da instituição saiu sorrateiramente, procurou um cômodo bem isolado e vestiu uma fantasia de "coelhinha": a coelhinha da Páscoa.

A música soou mais alta e a "coelhinha", com uma cesta bem enfeitada, repleta de ovinhos de chocolate, adentrou ao pátio onde o público infantil, em tremenda algazarra, vibrava com tudo que via.

Caminhando lentamente entre as crianças ia distribuindo as guloseimas que eram imediatamente consumidas, num clima de enorme festividade. Por longo tempo a "coelhinha" divertiu aquele público dócil e meigo.

A expressão em cada rostinho era a perfeita imagem da felicidade, da alegria e da emoção.

Da mesma forma que adentrou ao pátio, também sorrateiramente, a "coelhinha" o deixou indo tirar a fantasia para posteriormente voltar junto das crianças, exercendo suas funções normais.

Decorrido pouco tempo, Bruna, uma das assistidas da instituição, com dois anos de idade, aproximou-se daquela funcionária, fixando seus olhinhos brilhantes, interrogando:

- Tia, a senhora é a "coelhinha"?

- Não, ela foi embora, foi entregar ovinhos para outras crianças em outro lugar.

- Não é não. A senhora é a "coelhinha".

- Por que você afirma isso, Bruna?

- Ah, tia, a sandália é "igau" (igual).

A pequena Bruna, com apenas dois anos de idade, com sua perspicácia e profunda observação, identificou a "tia" que, por alguns momentos, transformara-se em "coelhinha" da Páscoa.

Tal fato, de destacada significância, nos ensejou considerável e oportuna lição: estamos diante de uma geração extremamente motivada, de raciocínio hábil e veloz.

Educar essa infância e adolescência é tarefa necessária e urgente. A educação como a formação do caráter, com destaque para a dignidade, a ética, a honra e a honestidade, valores tão desprezados nos momentos atuais pelos adultos que deveriam servir de exemplo para esse público em formação.

Se a Bruna observou a sandália da "coelhinha", por certo observa também a conduta dos pais, dos professores, dos vizinhos, da sociedade... observa tudo o que está ao seu redor.

Então é tempo de refletir, pois a todo instante estamos conclamando a construção de um mundo melhor, mais humano e fraterno, e, em assim sendo, quais comportamentos estamos oferecendo para que a Bruna e todas as outras crianças, adolescentes e jovens observem?

Pensemos nisso.

Capítulo 6

ABENÇOADA QUEDA

O não de Deus hoje é sempre o nosso maior bem de amanhã.

Emmanuel, psicografia de Francisco C. Xavier, *Pérolas de luz*

O ALMOÇO BENEFICENTE DA instituição assistencial e de promoção humana seguia com naturalidade. As atividades abeiravam ao fim.

Naquela manhã, um grupo de voluntários se empenhava em angariar recursos financeiros que pudessem fazer frente às constantes despesas que a entidade tinha, mensalmente, para manter o programa de ações sociais em favor de mais de cem crianças e adolescentes que nela aportavam enquanto seus pais ou responsáveis trabalhavam com tranquilidade. Inúmeras famílias carentes ali também encontravam apoio e solidariedade.

Repentinamente, um barulho estranho e todos observaram que Cláudio estava estendido no chão. Uma queda brusca, o rosto ferido e o sangue tingindo a face daquele voluntário, produzindo apreensão aos presentes, uma vez que demonstrava inconsciência.

Imediatamente foi acionado o serviço de socorro médico que, em poucos minutos, compareceu ao local, prestando os primeiros atendimentos ao acidentado, que já dava sinais de lucidez, embora a natural palidez e tontura.

Conduzido ao hospital, a equipe médica se lançou à feitura de inúmeros exames para detectar a origem do problema de saúde constatado em Cláudio. Os resultados nada de grave apontaram, mas o paciente depois de um dia de internação fora orientado a aprofundar as investigações com médicos especialistas, uma vez que o atendimento que tivera até então se tratava de procedimento de emergência.

Cláudio, então, obediente às orientações recebidas procurou por atendimento médico em várias áreas da saúde. E qual não fora a surpresa, ao ser constatado um tumor na próstata, que após exames mais acurados revelou-se maligno, sendo recomendada providências urgentes, uma vez que a doença estava em fase inicial, sendo que o tratamento nesse período tem significativa possibilidade de sucesso.

De resto, em sua estrutura física nada fora encontrado de mais grave, somente mesmo o problema prostático, que naquele momento, não justificava o ocorrido. A queda brusca de Cláudio, após sentir-se desfalecer, pelas análises médicas verificadas, não passou de acontecimento isolado, pelo menos aos olhos físicos, pois que não teve consequências.

De início a apreensão e o susto decorrentes do mal súbito que originou a queda e os ferimentos, em seguida o agradecimento à Providência Divina, que encontrou um jeito de mostrar a Cláudio que o problema de saúde mais grave não estava no mal-estar, que fora passageiro, mas sim camuflado de tal forma que, se descoberto algum tempo depois, poderia causar transtornos bem mais complicados e profundos, com consequências, talvez, irreversíveis.

Abençoada queda... Bendito mal súbito.

Muitas vezes, o não de hoje abre caminho para o sim de amanhã. Em verdade, nem sempre estamos amadurecidos e conscientes o suficiente para, de imediato, interpretar as decisões divinas. Aquilo que desponta como trágico pode ser o prelúdio de vida melhor nos dias do futuro.

Confiemos sempre em Deus, que a ninguém desampara, e, como ensina Francisco Cândido Xavier: "Ele, nosso Pai, só coloca a criatura onde a misericórdia divina pode alcançá-la".

Capítulo 7

Ajudar aos que não querem ajuda

Os sãos não têm necessidade de médico,
mas os doentes.
Mateus, 9:10

Objetivando socorrer os necessitados, dr. Alcides, médico atencioso, estava sempre de coração aberto procurando servir quem o procurava.

Naquela tarde, dele se aproximou um homem de semblante abatido, corpo debilitado, expondo seu drama. Há tempo não encontrava um trabalho. A família numerosa estava sempre a lhe rogar mais recursos: alimentação, vestuário, aluguel, contas variadas... E nada de salário no final de cada mês.

Precisava de um emprego, de uma ocupação que lhe assegurasse o sustento devido.

Dr. Alcides, sem mais delongas, saiu à procura de uma ocupação profissional para o Souza. Tarefa difícil, pois com frequência ia ouvindo: não temos vagas, estamos dispensando gente, a situação não é boa, mal mantemos nossos empregados. E, assim por diante. Destemido e confiante seguiu um pouco mais, encontrando a sensibilidade de um amigo seu, empresário, que mesmo com o quadro de pessoal já completo, por caridade e em consideração a quem pedia, resolveu acolher em sua empresa o homem desempregado.

Ficou combinado que no dia seguinte, o Souza se apresentaria para trabalhar. Eufórico, dr. Alcides comunicou a novidade ao pretendente do emprego - que afirmou categoricamente estar na empresa conforme o combinado.

No outro dia, na parte da tarde, o empresário telefonou ao dr. Alcides informando que o Souza não havia aparecido para trabalhar. Surpreso, dirigiu-se à casa daquele homem.

- Souza, você não foi trabalhar?

- Sabe doutor, estava chovendo muito e a empresa fica longe de casa. Olha, amanhã sem falta eu vou.

Dr. Alcides retornou às suas atividades na certeza de que no dia seguinte Souza iria ao trabalho.

Na tarde do outro dia, novamente o empresário generoso informou que o Souza não comparecera ao trabalho. Dr. Alcides, indignado, foi ao encontro do desempregado.

- Dr. Alcides, hoje o sol estava muito quente e também trabalhar amassando concreto é um serviço muito duro...

Cabisbaixo, o médico atencioso procurou seu amigo empresário para se desculpar ante o inesperado.

- Agradeço muito por ter aberto as portas de sua empresa para o Souza, mas infelizmente ele não correspondeu. Na verdade, não adianta ajudar a quem não quer ser ajudado.

- Adianta sim, dr. Alcides, pois aqueles que desejam ser ajudados, por si mesmos já abrem muitas portas. Nós temos é que insistir em ajudar realmente a quem não quer ser ajudado, pois é preciso despertá-los para o dinamismo da vida.

Ficamos a refletir na grande sabedoria do empresário. Sem dúvida, precisamos insistir em ajudar quem ainda não despertou para a realidade da vida, pois os que já acordaram deram os primeiros passos na direção de um futuro melhor.

Ante essa notável lição, compreendemos com mais convicção os valiosos ensinamentos de Jesus: "Os sãos não têm necessidade de médico, mas os doentes".

Capítulo 8

Alfredo e a força de vontade

A perseverança é a base da vitória. Não olvides que ceifarás, mais tarde, em tua lavoura de amor e luz, mas só alcançarás a divina colheita se caminhares para diante, entre o suor e a confiança, sem nunca desfaleceres.

Emmanuel, psicografia de Francisco C. Xavier, *Fonte viva,* item 124

Ávido por obter informações sobre espiritualidade e tomar contato com as sábias e valiosas lições do Cristo, Alfredo deliberou procurar uma instituição espírita que pudesse, pelas suas atividades no bem, satisfazer a sua expectativa e curiosidade.

Logo nos primeiros dias, estando vinculado a grupos de estudos, entendeu a necessidade de seguir além das letras e dos ensinamentos, na realização de tarefas que pudessem se prestar a servir aos mais necessitados, como bem ensinou e exemplificou Jesus.

Em contato com os companheiros mais antigos da instituição conheceu as atividades assistenciais que ali eram desenvolvidas no socorro, dentro do possível, aos irmãos em penúria e em dificuldades.

Com detalhes, inteirou-se da "Campanha do Quilo" ou "Campanha Auta de Souza", como é conhecido popularmente esse trabalho, que trata da distribuição de saquinhos nas residências por grupos de trabalhadores das instituições, geralmente num sábado, ficando para a semana seguinte a coleta dos alimentos que formarão as cestas básicas, que serão oferecidas às famílias carentes.

Percebeu que não poderia participar do grupo de voluntários que realiza a "Campanha", pois sendo dono de um pequeno empreendimento comercial, aos sábados de lá não poderia sair, pois que as portas de seu estabelecimento precisavam permanecer abertas para a obtenção de recursos financeiros necessários à manutenção de sua numerosa família.

Mas desejava ardentemente cooperar para a diminuição das dores e do sofrimento alheio.

Pensou, meditou, refletiu, buscou Jesus em preces, e, movido por uma grande e decisiva força de vontade encontrou a solução para também se prestar a servir aos irmãos do caminho que experimentam sorte inferior a sua.

Sob a coordenação da "Campanha do Quilo" da entidade onde milita, apanha os saquinhos e no final de seu expediente de trabalho, ou em suas horas de descanso, procura os vizinhos, os moradores do seu quarteirão, do bairro, e uma vez por mês, faz a coleta dos gêneros alimentícios que lhes são ofertados. Quando o grupo da citada "Campanha" chega à instituição espírita para a formação das cestas básicas que são oferecidas às famílias em penúria, lá encontram Alfredo com o material coletado ajudando a "engordar" a quantidade de alimentos que são entregues aos necessitados.

Impedido por compromissos profissionais e

obrigações familiares, não conseguia estar junto ao grupo de trabalho, mas nem por isso deixava de trabalhar em favor do próximo. A força do seu ideal e a perseverança no bem fizeram com que superasse os obstáculos para poder servir em nome do Cristo. Tem profundo significado o adágio popular: "querer é poder". Realmente, quem quer com determinação, quem labora com convicção, suplanta todas as barreiras e vence todas as dificuldades, ainda mais quando se coloca ao lado de Jesus para ajudar aos "pequeninos do caminho".

Capítulo 9

Dona Joana e a resposta da vida

Lembremo-nos de que, com o nosso auxílio, tudo hoje pode ser melhor que ontem, e tudo amanhã será melhor que hoje.
Emmanuel, psicografia de Francisco C. Xavier,
***Fonte viva*, item 176**

Dona Joana, apavorada, compareceu à porta da instituição socorrista. Entre lágrimas e lamúrias, informava que sua casa de madeira, plantada à beira da estrada, havia desabado. O péssimo estado em que se encontrava não suportara a força da chuva torrencial nem a fúria do vento avassalador.

Identificava-se lama por todos os lados, móveis quebrados, roupas soterradas, desespero e desolação. Felizmente não houve vítimas, mas grande prejuízo material.

Para onde iria agora? Lá morava com o marido e quatro filhos, vivendo em extrema pobreza, experimentando incomensuráveis dificuldades.

Seria muito difícil encontrar um novo abrigo. Precisavam permanecer nas imediações para prosseguirem no cultivo da pequena roça, que vicejava promissora. Ao redor da casa, a pequena plantação, única fonte de renda palpável, era promessa de colheita gratificante.

No entanto, antes mesmo que a entidade assistencial providenciasse o socorro pedido, ante tão trágico acontecimento, o filho mais velho de dona Joana chegou à sua procura para avisá-la que um vizinho generoso estava oferecendo uma casa de alvenaria, próximo ao local onde moravam, para passarem alguns dias, até que alguma providência fosse tomada.

E, como trovões urravam no espaço, anunciando novas chuvas, ela e o filho partiram rápidos para salvar o que ainda restava no lar destruído.

O tempo passou célere, engolindo meses, e eles num dado momento estavam outra vez frente à porta da instituição socorrista, agora com um sorriso nos lábios e uma expressão de alegria no rosto, lá estava dona Joana, festiva e radiante.

Sua família, uma vez instalada na nova residência, ampla, confortável e segura, dali não mais saiu. A generosidade do vizinho permitiu que dona Joana, o marido e os filhos, não só permanecessem na casa, como também ofereceu uma área maior para plantio, e, ainda autorizou que no quintal criassem pequenos animais para ajudar na economia do lar.

– Curioso – dizia ela – a chuva, que a princípio nos causara tantos transtornos, derrubando nossa casa e praticamente acabando com os nossos móveis, se transformara no abençoado motivo do nosso bem-estar hoje. Não fosse aquela tempestade, ainda estaríamos morando na casa de madeira, sem nenhum conforto e segurança.

Assim é a vida.

A chuva que muitas vezes destrói e arrasa, também rega a planta que nos oferece os frutos.

O bisturi, que rasga a nossa carne, provocando ferimento e dor, também é veículo da saúde.

A descarga atmosférica, que algumas vezes provoca a morte, também neutraliza nuvens de bactérias, que poderiam arruinar a humanidade.

Portanto, na vida, dentro da harmonia divina, tudo tem o seu valor. Todas as situações possuem o seu lado de luz.

Quase sempre, aquilo que no momento é um mal, no futuro, torna-se um bem.

Sem dúvida, tem razão o ditado popular: "há males que vêm para bem".

Em realidade, muitas vezes nos afundamos em desespero e em sofrimento, justamente por não esperarmos as respostas da vida.

Capítulo 10

A GRATIDÃO DE MARIAZINHA

Portanto, procurai com zelo os melhores dons; e eu vos mostrarei um caminho mais excelente.
Paulo, I Coríntios, 12:31

AS ATIVIDADES MEDIÚNICAS, NA casa espírita, seguiam seu curso normal de socorro aos espíritos sofredores. Os encarnados ali reunidos se esmeravam em esforços, junto aos benfeitores espirituais, para aliviar as dores e os padecimentos que torturavam muitos desencarnados em penúria.

Foi quando um espírito se apresentou pedindo socorro, pois que não conseguia respirar e tinha urgente necessidade de um médico. Obviamente acreditava ainda estar vivendo num corpo físico, desconhecendo sua situação de desencarnado.

Mandara chamar o médico da vila, mas como eram inimigos, o facultativo se recusava a atendê-lo. Afirmava que ele não gostava do médico e nem o médico gostava dele.

O irmão que dirigia as ações mediúnicas daquela noite sugeriu a ele que o socorro já estava em andamento e que outro médico fora chamado e prestava-lhe os devidos cuidados.

- Este médico é bem mais jovem - acusa o doente.

- Sim, mas é muito competente. Está colocando uma máscara em seu rosto para que respire aliviado. Ele lhe oferece um remédio para sanar a dor do seu peito. Obedeça ao que ele determina. Tome o medicamento.

- Estou melhorando.... estou bem melhor.

Nesse instante o amigo encarnado o esclarece sobre a sua condição espiritual, informando-o sobre a sua morte física e consequentemente a sua chegada à vida espiritual.

- Não conheço vocês. Porque estão cuidando de mim uma vez que nunca me preocupei em ter amigos. Tive muitas posses e vivia com minha mãe. Mas ela morreu. Nunca fiz nada de bom para ninguém, fiz sim foi muitas barbaridades, sou um criminoso, fui muito odiado e tinha muitos inimigos.

- Você acredita que nunca fez nada de bom? E a Mariazinha?

- Como você sabe disso? É um adivinho? A Mariazinha era uma andarilha conhecida como Maria Louca. Vivia pelas estradas. Mas o que fiz a ela foi pouco diante do que ela fez pela minha mãe. Um dia voltava para minha casa quando ela me parou na estrada e pediu uma carona. Fiquei com pena dela, pela sua situação, estava em farrapos e com fome. Então, a levei para minha casa. Lá minha mãe a acolheu e a amparou. Ela foi ficando lá, ajudando nas tarefas da casa. Minha mãe adoeceu e quem cuidou dela com muito carinho e zelo foi a Mariazinha, até o dia em que ela morreu. Então, na casa da fazenda ficou eu e ela, mas apesar de todos os meus muitos defeitos, sou uma criatura respeitadora. Não poderia ficar sozinho com ela, então determinei que fosse feita uma casinha para acomodá-la, com mobiliário e tudo. Nessa casa ela viveu ainda um bom tempo até que a velhice chegou e a morte a levou também. Mas o que tem a ver a Mariazinha diante do socorro que estou recebendo agora, embora tendo a consciência de que nem mereço tanto, ante as barbaridades feitas nesse mundão de Deus.

– As leis de Deus, meu irmão, são de amor e de justiça, jamais de castigos e de punições. Claro, que pela lei de causa e efeito, haveremos de conviver com os reflexos negativos das nossas ações infelizes, mas a mesma lei nos garante o direito de experimentarmos a alegria do bem vivenciado. Sendo assim, veja agora, quem solicitou a Deus que você fosse socorrido, observe quem se aproxima de você.

– Não acredito, é você Mariazinha...

Os instantes seguintes foram de pranto emocionado.

Mesmo no contexto de uma vida mergulhada em erros e equívocos, bastou uma ação no bem para que a Providência Divina se curvasse em favor daquele irmão necessitado. Ele haverá de responder pelo mal que fez, mas o bem sempre será uma notável atenuante em seu favor.

Reflitamos...

Capítulo 11

GABRIEL E O FIO DO TECLADO

Educa e transformarás a irracionalidade em inteligência, a inteligência em humanidade e a humanidade em angelitude.
Emmanuel, psicografia de Francisco C. Xavier, *Fonte viva*, item 30

GABRIEL TEM DOIS ANOS de idade e enquanto seus pais trabalham, permanece numa instituição assistencial juntamente com, aproximadamente, mais cento e cinquenta crianças e adolescentes.

Nas dependências da instituição, além do

maternal, os assistidos recebem aulas de pré-escola, ensino fundamental, cursos de informática, artesanato, pintura em tela, pintura em tecido, apoio escolar e música.

Dentre as crianças, o Gabriel é o menorzinho, o mascotinho da turma e, por isso, muito querido e assistido pelos demais.

Sempre que ele tem uma oportunidade, escapa dos olhares atentos das monitoras e corre para o escritório da instituição, onde se delicia dedilhando o teclado de um computador.

Observando sua curiosidade e interesse pelo "brinquedo" que ele escolheu, o monitor responsável pela parte técnica dos equipamentos de informática, informou à direção da casa assistencial, que havia um teclado de computador danificado, em desuso, e que poderia ser oferecido ao Gabriel.

O equipamento foi colocado sobre uma cadeira, sendo que o fio ligado ao mesmo se estendeu pelo chão. Gabriel ao ver a peça vibrou de alegria e expectativa. Informado que era seu, permaneceu diante do teclado, estático, observando-o fixamente, mas imóvel, mãos para trás.

Solicitado que brincasse com a peça, olhou firme para o monitor e disse: "então iga" (liga).

O monitor sorridente apanhou o minúsculo fio que estava estendido pelo chão e o afixou num prego da parede, imitando tê-lo conectado a uma rede imaginária.

Gabriel, imediatamente, começou a dedilhar as teclas com um largo sorriso nos lábios e uma enorme alegria estampada no rosto.

O fato em si caracteriza-se como uma narrativa comum, não fosse a expressiva e notável lição que o pequeno garoto nos legou.

Gabriel, ao solicitar que o fio do teclado fosse ligado, deixou claro que quando brincava com o teclado do computador do escritório, observou que aquele equipamento tinha um fio conectado em algum lugar. E, esse fio, é minúsculo.

Se o Gabriel conseguiu observar esse detalhe, com apenas dois anos de idade, o que mais ele não teria observado?

Por certo observou o comportamento dos seus pais, a conduta das monitoras, a conversa dos adultos ao seu redor, as ações das criaturas no interior da instituição, o conteúdo dos programas de televisão a que assistiu, a reação das pessoas nas ruas e muito mais.

Então, quando alguém afirma que as crianças não sabem o que fazem, na verdade não sabe o que está dizendo.

Sem dúvida, é por isso que hoje uma parte da infância, da adolescência e da juventude toma caminhos perigosos, pois que os adultos, despreparados e muitas vezes indiferentes, pensam que essa gente pequena não enxerga, não pensa e não raciocina.

Podemos comparar nossa mente aos músculos. Músculos exercitados crescem, enrijecem, ficam fortes. Mentes que recebem grandes quantidades de informações se ampliam, ficam ágeis, raciocinam com muita rapidez.

Nossos "pequenos" hoje, mais do que nunca, recebem uma quantidade enorme de informações todos os dias, portanto são rápidos no raciocínio, e com enorme facilidade, por exercitarem a mente desde pequeninos, são extremamente mais ágeis que nós, adultos, a ponto de não conseguirmos imaginar o potencial que eles guardam.

Portanto, se os nossos "meninos", estão por aí cometendo alguns desatinos, por certo, a exemplo de Gabriel, viram e observaram o que não é digno, ético, moral e honesto.

Que informações estamos passando aos nossos filhos?

Somos justos, corretos, respeitadores, fraternos, solidários, zelosos, companheiros, trabalhadores...?

O Gabriel, com apenas dois anos, observou que um teclado de computador não funciona sem ter o seu fio conectado. Sem dúvida nossos filhos também estão observando o "fio" dos nossos exemplos e da nossa conduta moral.

Reflitamos.

Capítulo 12

Henrique e o "Dia dos Pais"

– Pode-se considerar a paternidade uma missão?

– É, sem contradita, uma missão. E ao mesmo tempo, um dever muito grande e que implica, mais do que o homem pensa, sua responsabilidade para o futuro...

Allan Kardec, *O Livro dos Espíritos*, questão 582

A JOVEM VOLUNTÁRIA, AOS sábados à tarde, ministrava aulas de evangelização a crianças menores de dez anos, em bairro da periferia da cidade.

Falando de Jesus e do evangelho aos meninos, a "professorinha", com boa vontade e idealismo, procurava incutir na mente deles um pouco de religiosidade, para que no futuro pudessem reunir elementos nobres e sublimes que viessem fazer frente aos chamamentos inferiores do mundo. Pretendia ela destacar e perpetuar, naquelas vidas iniciantes, os sentimentos bons, objetivando criar condições para a felicidade e a paz.

Havia perseverança no ideal, pois as aulas semanalmente eram oferecidas àqueles rebentos que recebiam, com sofreguidão, o alimento espiritual tão necessário à alma como a nutrição material é indispensável ao corpo.

Naquele sábado, as lições vicejavam em torno da família. Cartazes eram expostos, dizeres em letras gigantes falavam do assunto e a jovem dedicada, com entusiasmo, discorria sobre a paternidade.

No dia seguinte (no domingo), seria comemorado o "dia dos pais" e a menina instrutora solicitou aos garotos, após distribuir papel e lápis de várias cores, que desenhassem qualquer coisa relativa ao papai, pois que vesperava a data alusiva ao dia destinado para homenagear os genitores.

E as crianças debruçaram sobre o material oferecido, ávidas para mostrar à "tia", o que podiam desenhar, pois cada uma delas acreditava ter condições de fazer traços mais bonitos sobre o seu pai.

Os "pequenos" foram rabiscando o papel, as cores foram aparecendo. Os mais diferentes desenhos tomaram forma e todos eles, segundo os "artistas", tinham tudo a ver com o papai.

Henrique, um garotinho irrequieto, num canto da classe continuava desenhando, cabisbaixo e silencioso. Parecia estar compondo uma obra de arte. Mais alguns minutos e eis que ele se apresenta mostrando o seu trabalho. No papel um quadrado, dentro dele os traços de um homem, cercado por uma enorme grade.

– Henrique, que desenho é esse?

– Tia, você não pediu para desenhar meu pai porque amanhã é o dia dele?

– Sim, mas não estou entendendo o que você fez!

– Esse quadrado é a cela e a grade é a janela da cadeia onde meu pai está preso. Sabe tia, ele roubou. Na outra cela que desenhei está o meu irmão, que roubou também...

Os olhos da "professorinha" se encheram de lágrimas e ela não pôde fazer outra coisa senão abraçar Henrique, apertando-o contra o peito, sem dizer uma única palavra.

Henrique não pôde abraçar o seu pai no "dia dos pais", pois ele estava ausente, devido ao crime cometido. E nós... nós estamos presentes para receber os abraços dos nossos filhos? Ou será que também nos ausentamos na desonestidade, na velhacaria, na indignidade, nos tóxicos, na infidelidade conjugal, na preguiça... Comprometer a paz social também é crime.

O adulto é o espelho da criança. Os pais são o modelo dos filhos.

Que tipo de modelo estamos sendo para os nossos "pequenos"?

Capítulo 13

Maria Antônia e o valor da prece

Pela prece, o homem chama para si o concurso dos bons espíritos, que vêm sustentá-lo nas suas boas resoluções e inspirar-lhe bons pensamentos.
Allan Kardec, *O Evangelho segundo o Espiritismo*, cap. 27, item 11

Maria Antônia sofria, há muito tempo, de terríveis dores de cabeça.

Havia percorrido médicos e hospitais buscando encontrar o tratamento adequado para o mal que a afligia.

As dores eram tão intensas e frequentes que dificultavam a realização das tarefas domésticas, pois as crises, via de regra, a prostravam ao leito enquanto os serviços da casa aguardavam por fazer.

Naquele dia, a dor de cabeça estava insuportável. Doía tanto que refletia-lhe em todo o corpo. Recolhida na penumbra do seu quarto, não lhe restava alternativa senão esperar, pois nem sempre os analgésicos devolviam-lhe a normalidade.

Maria Antônia, que registrava acentuada sensibilidade mediúnica, começou a perceber que era envolvida por uma névoa esbranquiçada, como uma fumaça clara e tênue que girava ao redor do seu corpo. Curiosa, fixou-se no fenômeno, pois sabia que estava vendo o desenrolar dos acontecimentos pela visão espiritual e, surpresa, observou que a branda névoa que penetrava o seu quarto, perdia-se na distância.

Percebeu que a dor começava a ceder e um grande alívio a dominava, confortando-a.

Fixou ainda mais sua observação no fenômeno que se desenrolava ao seu redor e vislumbrou ao longe, a figura de um homem recostado ao tronco de uma árvore, desfrutando a plácida sombra do enorme vegetal, enquanto repousava, cobrindo o rosto com um chapéu. Dele emanava a bruma que a circundava afastando-lhe, aos poucos, a imensa dor que estava sentindo.

Não teve qualquer dúvida, tratava-se do senhor José Francisco, amigo de sua família, homem fraterno e solidário, que aproveitando o pequeno repouso após o almoço, enquanto aguardava a reinício das tarefas na lavoura, endereçava a ela uma prece, pois conhecia os padecimentos que as dores de cabeça lhe proporcionavam.

Decorridos mais alguns instantes Maria Antônia nada mais sentia. A dor terrível havia desaparecido e, disposta, retomava os afazeres do lar.

Em conversa com um amigo, relatou-lhe o acontecimento e este na primeira oportunidade, abordando o senhor José Francisco, de forma discreta, sem mencionar o fato, ficou sabendo que ele tinha o hábito de, após o almoço, enquanto aguardava o retorno ao trabalho, endereçar preces às pessoas que sofriam, carregando o coração de votos de melhora e restabelecimento da saúde.

Se a prece com sinceridade foi capaz de aliviar uma forte dor de cabeça, pode, sem dúvida, fazer muito mais.

Foi por isso que Jesus sentenciou: "Se tivésseis fé como um grão de mostarda, diríeis a esta montanha: transporta-te daqui para ali, e ela se transportaria, e nada vos seria impossível".

A prece está a nossa disposição, como recurso de grande valor, apenas ainda não descobrimos como fazer uso desse poderoso mecanismo, acessível a todos a qualquer momento e em qualquer situação.

Meditemos.

Capítulo 14

O QUE PODE FAZER UM GESTO NO BEM

A caridade, segundo Jesus não se restringe
à esmola, mas abrange todas as relações com
os nossos semelhantes, quer se trate de nossos
inferiores, iguais ou superiores.
Allan Kardec, *O Livro dos Espíritos,* questão 886

A REUNIÃO MEDIÚNICA SEGUIA seu roteiro quando se apresentou, pelo processo psicofônico, o espírito Leôncio extremamente revoltado e indignado por estar ali, impedido de realizar seus propósitos, de continuar disseminando o mal.

Afirmava que quando encarnado era um sanguinário e que no mundo espiritual continuava sua sanha, pois que nada de bom possuiu e que nada de bom também esperava da Providência Divina. Não tinha mais armas, mas tinha o poder de influenciação e se prestava a desviar jovens dos caminhos da dignidade, sob o comando de organizações trevosas.

Atendido com educação e carinho, a ele foi dito que na qualidade de filhos de Deus ninguém está entregue à inutilidade absoluta ou abandonado de qualquer assistência, mas ele, determinado, resistia a qualquer tentativa de demovê-lo das ações malévolas.

Foi quando o orientador da reunião mediúnica começou a narrar:

- Lembra-se, Leôncio, de uma manhã radiosa de domingo em que você saiu a visitar um setor de sua propriedade rural?

- Eu tinha muitas propriedades, eu era rico, poderoso, temido.

- Você caminhou na direção de uma mangueira frondosa onde seus empregados costumavam descansar e tomar refeições nos dias de trabalho. Ao se aproximar ouviu barulhos que identificou como sendo a presença de pessoas sob aquela árvore. Avançou um pouco mais e percebeu que havia crianças e chegando mais perto observou que ali, embaixo de uma cobertura estava uma família inteira. Pai, mãe e quatro filhos, sendo um deles recém-nascido. Logo o pai de família, por conhecer sua fama de homem amedrontador, se adiantou e pediu desculpas por estarem ali, informando que não tinham para onde ir, foram despejados de uma propriedade vizinha, e não sabiam o que fazer da vida, mas que sairiam dali em busca de alguma oportunidade. Você, Leôncio, observando aquele quadro de imensa dor e angústia, se comoveu e convidou a família a segui-lo. Os visitantes, apavorados, temiam pela sorte. Você insistiu e eles o seguiram. Na sede da fazenda, narrando o ocorrido à esposa, ambos providenciaram alimentação aos irmãos desorientados. Posteriormente, num gesto de solidariedade, determinou que a família fosse instalada numa pequena casa desocupada e chamando seus peões, fizeram um mutirão de limpeza do imóvel, juntaram alguns pertences e instalaram a família naquele local. Deu emprego ao chefe de família.

– Mas como o senhor sabe disso tudo. O senhor é um cigano?

– Não, apenas registramos o que a sua própria mente está refletindo. O tempo passou, suas duas filhas se casaram e foram morar distante. Os três filhos mais velhos do casal também casados seguiram seus caminhos. Logo após, o agora amigo e seu compadre, contraindo maleita, desencarnou, pouco depois sua esposa também partiu. O filho caçula, o Nenê, como você o chamava, deveria escolher se moraria com um dos irmãos ou ficaria na fazenda. Foi então, que você, Leôncio, que sempre teve por ele um carinho muito grande, o convidou a morar com você. Ele se transformou no filho homem que você sempre quis para ajudá-lo nas lides nas propriedades. Cuidou de você, da sua esposa com carinho e desvelo. Quando você decidiu doar seus bens, o incluiu também na partilha em igual condição com as filhas.

– Mas por que o senhor está me lembrando de tudo isso se eu sou um criminoso sanguinário que não merece consideração alguma?

– Não, meu irmão, não é verdade, todos somos filhos de Deus e o Pai Celestial a ninguém desampara. Estamos relembrando tal fato para que você perceba que ninguém é totalmente mau. Somos, sim, imperfeitos, mas também fazemos coisas boas. O bem que você fez àquela família permitiu o socorro de hoje. Olhe para frente e veja quais pessoas intercederam junto a Deus, pedindo que você fosse amparado.

Nesse momento, Leôncio, estupefato e emocionado divisa à sua frente, com sorrisos estampados no rosto e braços abertos o casal que, num domingo, encontrou debaixo de uma mangueira e acolheu em sua propriedade.

Sendo verdade, que pela lei de causa e efeito, deveremos colher as consequências do mal que fazemos, não é menos verdade que receberemos, incontestavelmente, todos os benefícios do bem que plantamos.

Leôncio responderá pelos erros cometidos, mas terá atenuantes nascidas das ações do bem.

Reflitamos.

Capítulo 15

A gratidão de Joana

Não há ninguém que não possa fazer o bem: somente o egoísta não encontra jamais a ocasião de praticá-lo.

Allan Kardec, *O Livro dos Espíritos*, questão 643

MARCOS, AMOROSAMENTE ORIENTAVA OS espíritos sofredores que compareciam à sessão mediúnica. Acalmava, consolava, esclarecia, assim seguia o trabalho em ritmo de intensa fraternidade.

Repentinamente, um gemido de desespero, de intensa lamentação e sofrimento. Identificou-

-se a presença de um espírito extremamente desesperado, em profunda agonia.

– Não aguento mais essa tortura mental. Mesmo sendo bem recebido aqui, sei que não mereço estar neste ambiente. Sou um criminoso, mas não um criminoso qualquer, sou um monstro. Se vocês pudessem me ver não me aceitariam aqui. Apesar do sofrimento e da grande necessidade de socorro, sei que deveria estar em outro lugar, colhendo o que plantei. Eu destruí lares, assassinei mães, pais, crianças e até bebês, sou um monstro, sou um monstro... sou a expressão viva da perversidade.

O espírito visitante irrompeu em profundo choro comovendo os presentes na reunião mediúnica que o socorreram com preces e vibrações de carinho, pois que ali estava alguém que já tinha consciência de seus equívocos e que procurava alguma forma de soerguimento moral.

– Quem nunca errou, meu irmão? Quem ousaria atirar a primeira pedra, se todos nós somos espíritos caminhando para a redenção dos nossos erros? Usamos a razão há milhares de anos, nesse tempo todo erramos muito – afirmou Marcos, apiedando-se do infortunado visitante.

Marcos silenciou, esperando o infeliz irmão

adquirir um pouco de calma e serenidade, saindo ao seu socorro:

- Meu irmão, você afirma sua condição de criatura equivocada, mas porventura conhece o nosso passado? Acredita, por acaso, que podemos ser melhores que você? Não, meu irmão, não. Vivendo num mundo de expiações e provas não somos muito diferentes uns dos outros. Estamos aqui para reparar os nossos erros também, enquanto ajudamos você, com a proteção dos benfeitores amigos, a reparar os seus. Não existe ninguém que só tenha feito o mal. Sempre algo de bom conseguimos realizar.

- Eu não, minha vida inteira foi de violência, agressividade e destruição. Só hoje, depois de tanto sofrer, consigo enxergar o rastro de crimes que deixei, as lágrimas que provoquei e os tormentos que causei àqueles que se relacionaram comigo.

- Não é bem assim, meu irmão... Lembra-se da Joana, aquela mulher que você encontrou na estrada que cortava as suas terras? Pela mão direita conduzia uma menina, pela esquerda um pequeno garotinho, ambos de olhares assustadiços e semblantes evidenciando fome e desnutrição? No ventre avolumado a gravidez de um terceiro filho... Seu olhar se cruzou com o deles que demonstravam medo. Apiedou-se daqueles seres desesperados, levando-os para a sede da fazenda, onde sua esposa e serviçais os acolheram, obedecendo as suas ordens, alimentando-os, vestindo-os e, posteriormente, acomodando-os numa pequena casa desocupada. Dias depois providenciou a melhor parteira da região para ajudar aquela mulher, num parto muito difícil e arriscado. Cuidou daquela família como nunca antes havia feito. Entre você, sua esposa e aqueles quatro seres nasceu uma profunda afinidade. A eles não faltou nenhum recurso mais, pois eram atendidos em tudo que precisavam. Ajudou na educação escolar das crianças, na formação do caráter delas e no encaminhamento para a vida.

– Mas quem desvendou o meu passado a vocês? Isso aconteceu há muito tempo. Eu nem me lembrava mais. Mas isso é pouco diante das atrocidades que cometi.

– Sim, meu irmão, pode ser pouco para o nosso acanhado entendimento, mas para Deus todo bem tem uma importância fundamental. Agora dê uma olhada a sua frente e veja quem intercedeu junto à Providência Divina, para que ocorresse o socorro de hoje.

– Joana, foi você Joana...

Nosso irmão não pôde continuar, pois que as lágrimas e a emoção o envolveram fortemente.

Informa-nos o espírito Emmanuel, através da psicografia de Francisco C. Xavier, que "o bem que praticas em qualquer lugar será teu advogado em toda parte".

Aí está, um gesto de bondade foi capaz de movimentar recursos suficientes para o socorro do nosso irmão desesperado, que a partir daquele atendimento fraterno conseguiu plenas condições de recomeçar suas tarefas, buscando a reparação das faltas cometidas.

Reflitamos.

Capítulo 16

RENATO E O "CATATAU"

Não desprezes, pois, a criança, entregando-a aos impulsos da natureza animalizada.
Emmanuel, psicografia de Francisco C. Xavier, *Fonte viva,* item 157

TODAS AS MANHÃS, o portão da creche se abria para receber mais de cem crianças, que em regime de semi-internato ali permaneciam enquanto seus pais trabalhavam.

Na faixa etária de três a seis anos, os "pequenos" aos poucos ocupavam aquelas dependências, fazendo intenso alarido que soava como melodia sublime aos ouvidos dos adultos que se prestavam a atendê-los, enquanto a refeição matinal era servida.

Renato, um garotinho ligeiro, há algum tempo havia frequentado aquela entidade assistencial. Na oportunidade, com oito anos de idade, cursava a primeira série numa escola pública. Carregava consigo certa limitação mental que lhe impunha muitas dificuldades para acompanhar os demais coleguinhas de classe.

Por se tratar de uma criança muito sofrida, compleição física aquém do normal para a sua idade e raciocínio bastante confuso pelos problemas registrados na área mental, acabou se afinizando muito com os cooperadores que laboravam diariamente na creche e, sempre que lá aportava, era carinhosamente recebido.

Naquela manhã, junto às demais crianças matriculadas, surgiu também o Renato, cabelos ao vento, amassado, roupa evidenciando que deixara a cama rumo à entidade, se dirigindo à coordenadora das atividades:

– Tia, olha eu aqui!

– Estou vendo, mas o que aconteceu? Você não foi à escola?

- Não, eu quero leite.

- Que aconteceu? Você não lavou o rosto, não escovou os dentes, onde está sua mãe?

- Não sei, tia.

- E sua irmã?

- Ela foi dormir na casa do namorado.

- E a sua avó?

- Lá em casa não tem ninguém.

- Mas como? Você estava sozinho? Ficou dormindo sozinho?

- Não, tia, eu estava com o Catatau.

- Catatau? Mas quem é o Catatau?

- É o meu cachorrinho. Ele é que está tomando conta de mim e da minha casa.

Todos conheciam o abandono em que o garoto vivia e a solidão que o acompanhava. Assim não foi surpresa para ninguém o menino estar em companhia do Catatau.

Renato foi recolhido, como sempre, sob os olhares piedosos e a ternura daqueles que tinham aprendido a amá-lo, ficando nas dependências da creche até bem tarde, sem que qualquer pessoa de sua família fosse procurar por ele ou pelo menos saber onde e como estava.

Assim, quantas crianças, pelos caminhos da vida contam apenas com a companhia de um "Catatau", sem amor, sem atenção, sem carinho...

Crescem na marginalidade, na delinquência, com total falta de oportunidades, depois, quando adultos, desajustados, ameaçam a paz social, momento em que a sociedade omissa grita pedindo punições severas, sem lhes ter ofertado qualquer chance para a dignidade.

E em nossos lares, estamos presentes na vida dos nossos filhos ou também estamos confiando a prole aos "Catataus", em forma de televisão, videogame, babás e outros.

Pensemos nisso.

Capítulo 17

Passes: a experiência com o Anderson

Vinde a mim, todos os que andais em sofrimento e vos achais sobrecarregados, e eu vos aliviarei.

Jesus, Mateus, 11:28

A ENTIDADE ESPÍRITA ASSISTENCIAL, erguida com muito amor e a dedicação de inúmeros companheiros, recebia diariamente muitas crianças que para lá aportavam em busca de abrigo, enquanto as mães seguiam para o trabalho, à procura de recursos para a sustentação da família.

Quase uma centena de crianças cruzavam porta adentro, sob o olhar carinhoso de funcionários e voluntários fraternos.

No entanto, naquele dia se iniciava uma curiosa experiência e um acontecimento de real valor.

Anderson, um garotinho de aproximadamente três anos de idade, sustentado pelos braços maternos, foi apresentado à instituição como mais um pretendente a permanecer ali para que a genitora pudesse trabalhar.

Como todas as crianças, foi recebido com zelo e atenção, no entanto por mais que se esforçassem os membros da equipe filantrópica não conseguiam mantê-lo tranquilo. Chorava copiosamente e, apesar da idade, não pronunciava uma única palavra.

Às vezes permanecia alguns minutos cabisbaixo e logo em seguida desatava em lágrimas. Isso praticamente o dia inteiro.

O tempo foi passando e nada do Anderson melhorar, sempre chorando, dando a impressão que sofria muito intimamente, que enorme agonia e tremendo desconforto o dominavam.

Ofereciam-lhe brinquedos, passeios no parquinho, guloseimas e nada, o Anderson estava sempre a chorar, causando transtornos na entidade, pois o menino carecia de cuidados especiais.

Numa conversa com a mãe do garoto, o responsável pela instituição ficou sabendo que aquela tentativa já era a quarta, pois o "menino triste" já havia passado por outras três creches, sendo desligado a pedido da direção de todas, pois ninguém conseguia, segundo a genitora, suportá-lo.

Mas solicitar seu afastamento mais uma vez? O que será dele? O que realmente estava acontecendo com ele? Eram indagações que passavam pela mente do diretor.

Não. Desligá-lo, isso não.

Longos minutos se passaram, quando o diretor quebrou o silêncio.

– A senhora nos autoriza a promover um tratamento espiritual nesta criança? Uma série de passes?

E antes que a mãe respondesse afirmativamente, fora informada detalhadamente do que se tratava, pois a mesma não era espírita.

Naquela mesma manhã e por vários dias o Anderson foi conduzido à sala de passes, recebendo as vibrações carinhosas dos benfeitores espirituais.

Os resultados foram surpreendentes e notados imediatamente.

Menos de uma semana e o Anderson corria, saltitava, brincava e sorria. Uma alegria imensa irradiou-se em seu semblante e o que mais impressionou foi que ele começou a falar e logo estava pronunciando frases inteiras.

Um dia sua mãe chegou querendo falar com o diretor da instituição. Estava muito alegre e transbordava euforia.

– Sabe, meu amigo, não foi só o Anderson que melhorou, tudo lá em casa melhorou, pois o seu choro e seu sofrimento causavam um grande mal-estar a todos, uma vez que ninguém conseguia saber o que se passava com ele. Hoje ele brinca tanto e dorme tão bem que parece que a paz chegou por lá. Agora vai tudo bem.

Desnecessário dizer que o Anderson é a atração da entidade assistencial, mobilizando a atenção de todos pelo carinho e ternura que dedica aos que cuidam dele. Pela sua inteligência e liderança tornou-se um "artista" entre a garotada. É um beijoqueiro nato.

Desnecessário dizer, também, do valor da ação magnética e fraterna do passe e da atuação magnífica dos "amigos de mais além", verdadeiros "embaixadores do céu" na difusão do bem.

Capítulo 18

Ontem a agressora, hoje a vítima

Não vos enganeis: de Deus não se zomba.
O que o homem semeia, isso mesmo colherá.
Paulo, Gálatas, 6:7

A senhora Cláudia procurou o centro espírita em busca de ajuda. Sua filha Norma, de apenas 17 anos de idade, já havia tentado o suicídio por três vezes. Percorreu consultórios médicos, tratamento psicológico, psiquiátrico sem qualquer resultado prático. A jovem insistia em dizer que não tinha razão alguma para viver, tinha um comportamento estranho e que ao completar 18 anos colocaria fim a sua vida.

Narrava seu drama entre lágrimas e lamentações, num profundo desespero, pois que não vislumbrava uma forma de socorrer a filha amada.

Acolhida fraternalmente no reduto da casa espírita, recebeu carinho e atenção. A ela foi orientado que junto com a Norma passasse a frequentar palestras e a tomar passes, e, dentro do possível, que participassem dos estudos evangélicos e doutrinários sob a ótica da doutrina espírita.

As duas aceitaram o aconselhamento.

Pouco tempo depois, na sessão mediúnica realizada semanalmente pelo centro espírita, um irmão desencarnado se apresentou raivoso e agressivo.

- Estou com muito ódio de vocês. Agora ela é uma coitadinha, jovenzinha ingênua que precisa de socorro, pobre criatura, como está sofrendo. Todos penalizados com o seu drama. Não conhecem a víbora que estão acariciando. Interessante, quando ela articulou aquela trama contra mim vocês não estavam lá para me defender. Deus também não estava, então o caminho permaneceu aberto e livre para que ela fizesse o que bem entendesse. Eu os odeio e se não a deixarem, eu e meus aliados, vamos agredi-los também.

- Calma, meu irmão - interveio o orientador daquelas ações mediúnicas - estamos aqui para ajudá-lo e para socorrer você também, pois estamos registrando seu sofrimento, a sua dor...

- Agora?! Agora é tarde e ela está em minhas mãos e não vou deixá-la por nada neste mundo.

- Não é assim que resolvemos nossos problemas, meu irmão, a vingança é uma ação que mais fere ao que executa do que à vítima. Queremos ajudá-lo também...

- Se querem mesmo me ajudar deixem-me ir embora, pois tenho muito o que fazer com ela. Pensa que é fácil ser traído pela criatura que você mais ama. Eu era um jovem muito rico. A morte de meu pai, muito cedo, deixou-me uma fortuna incalculável. Éramos eu e minha mãe. Ela surgiu em minha vida, também jovem, bela, atraente e eu me apaixonei. Minha mãe, com a sensibilidade que todas as mães possuem, advertia-me sobre os perigos que corria. Ela percebeu e eu não, as intenções daquela jovem. Casamo-nos e algum tempo depois, em viagem junto com dois cunhados, transportando uma quantia grande de dinheiro, pois íamos comprar outra propriedade, assassinaram-me. Essa foi minha última viagem. Ela herdou tudo, jogou minha mãe nos últimos cômodos da casa e a tratou como uma indigente, até seus últimos dias. Eu a amava profundamente. Agora, vou levá-la ao suicídio. Quase consegui, falta bem pouco. Eu a trarei para junto de mim, então, ela conhecerá a minha vingança. Não tenho razão? Eu a amava.... eu a amava...

Entre ódio, dor e desespero o nosso irmão caiu num choro profundo...

– Meu irmão... você não a amava, você a ama ainda. Vamos mudar a direção da sua força e com a ajuda de Deus criaremos outras perspectivas. Vamos ajudar a sua amada a reequilibrar-se, e então, daqui a algum tempo, melhor ajustada, poderá voltar para você, com propostas sadias.

Nosso irmão continuava a chorar evidenciando cansaço, fadiga e desolação. Então foi possível com preces e vibrações atingir seu coração, irradiar sobre sua mente, criando condições para um socorro mais efetivo. Nesse instante, mais calmo, conseguiu ver sua mãe ao seu lado e abraçando-a, aceitou o socorro proposto.

Passado algum tempo, em conversa com a senhora Cláudia, ela confidenciou que Norma obteve melhora significativa e que não mais havia falado em suicídio.

Ambas continuam frequentando as atividades do centro espírita. Obviamente, se perseverarem, paulatinamente, solucionarão tal pendência.

Dentro da lei de causa e efeito, ação e reação, a agressora de ontem enquadrada como vítima de hoje e o evangelho de Jesus atuando em favor de todos.

Capítulo 19

O socorro a Bruninho

O prato de refeição é importante no desenvolvimento da criatura, todavia não podemos esquecer que nem só de pão vive o homem.

Emmanuel, psicografia de Francisco C. Xavier, *Fonte viva*, item 159

O ASSISTENTE SOCIAL DO Juizado da Infância e da Juventude se apresentou na entidade assistencial, situada em bairro periférico da cidade para informar à sua direção que, por determinação do meritíssimo juiz de direito, o garotinho

Bruno, de quatro anos de idade, doravante deveria ser abrigado ali, durante o dia.

O caso era sumamente complicado. Pais indiferentes e omissos, que além de maus-tratos relegavam a criança a planos secundários, deixando de atendê-la em suas necessidades básicas, com o agravante de não lhe oferecer carinho e afetividade.

Bruno já havia sido matriculado em outras instituições e sua rebeldia e agressividade logo o colocaram para fora. Garoto extremamente violento, conseguia pular os muros com mais de dois metros de altura e ganhava, sempre que podia, a rua, dando asas ao seu comportamento indisciplinado, indo frequentemente se juntar a outras crianças e jovens que se davam ao consumo de tóxicos.

Naquela instituição talvez tivesse sua última oportunidade antes que outras medidas, mais drásticas, fossem tomadas.

Suas crises de choro e violência se repetiam diariamente. A direção da creche, apesar de todos os esforços empreendidos, começava a perceber que perdia a batalha para o menino sofrido. Agredia quem dele se aproximasse, desferia pontapés em portas, pulava janelas, quebrava objetos, mordia...

Palavras, silêncio, paciência, conselhos... nada o convencia quando se descontrolava. Assim, a direção da instituição pensava em marcar uma audiência com o magistrado para relatar o que ocorria, quando, numa última tentativa, decidiu-se por aplicar-lhe passes diariamente, criando ao redor dele um clima de preces e afetividade.

O menino foi acalmando, ajustando-se com a diminuição das crises de agressividade, tornando-se dócil e afável.

No seu último descontrole emocional, quando partiu para as agressões, uma das pajens da entidade abriu os braços em sua direção e ele desesperado refugiou-se no regaço daquela criatura chorando longamente, afirmando, posteriormente, que ninguém gostava dele, que ninguém o amava.

Abraçado carinhosamente por todos, doravante, pôde sentir o afeto, a ternura e o amor.

Seus pais que, frequentemente, desferiam palavrões e xingamentos na porta da entidade, com a mudança comportamental do filho sentiram alteração no ambiente doméstico e começaram a agradecer o atendimento que a criança vinha recebendo. Sua mãe, em algumas oportunidades, já se prestava a ajudar como voluntária, nas atividades da creche.

O Bruninho, como passou a ser afetivamente chamado, ganhou a simpatia de todos, tornando-se uma criança totalmente normal, como qualquer outra.

Muitas vezes aquilo que durante muito tempo a lei, a força e a energia não conseguem realizar, o amor de corações sensíveis irmanados à solidariedade dos espíritos benfeitores realiza em pouco tempo.

Amor, afeto e carinho, esses sentimentos nobres... quanta falta fazem ao ser humano, principalmente às crianças.

Capítulo 20

O BENEFICIADO DE HOJE PODE SER O BENFEITOR DE AMANHÃ

E não olvidemos que o nosso beneficiário de hoje poderá ser o nosso benfeitor de amanhã.
Emmanuel, psicografia de Francisco C. Xavier,
Escada de luz

Antônio Carlos, jovem ainda, sofrera um acidente vascular cerebral que deixou sequelas razoáveis. Perdera o movimento de uma das mãos e passou a caminhar com grande dificuldade e pouco equilíbrio.

Casado com Cândida e pai de dois filhos, a família contava com o auxílio de uma secretária do lar, a senhora Tereza, muito pobre e carregada de sérios problemas. Seu marido e filho viviam às voltas com a cadeia, pouco ou quase nada trabalhavam, embrenhados no mundo nefasto do alcoolismo e das drogas mais agressivas.

Tereza era mais que uma secretária do lar, era uma irmã que recebia muito além do que seu salário, pois que era atendida sempre nas seguidas dificuldades que enfrentava. Antônio Carlos e Cândida, sensíveis, faziam por ela tudo o que era possível.

Embora o aconselhamento que dirigiam aos dois irmãos que viviam em desalinho, nenhum resultado prático verificavam, e, por isso, em muitas oportunidades sofriam críticas ou mesmo a incompreensão de quem, de mais perto, acompanhava o desenrolar dos acontecimentos. Por que ajudar quem não quer ser ajudado? Não seria melhor deixá-los à própria sorte para aprenderem com as consequências dos seus atos infelizes? Mesmo assim, o casal solidário continuava a amparar a pobre Tereza e seus familiares.

Certa noite, Cândida precisou acompanhar o filho mais velho na organização da loja que o mesmo possuía e, estando o outro filho em trabalho fora da cidade, Antônio Carlos precisou ficar sozinho em casa. Todas as recomendações lhe foram feitas para que não se movimentasse sozinho, pois que diante do pouco equilíbrio motor que possuía corria o risco de queda.

Não demorariam a retornar ao lar, no entanto, logo depois que saíram, Antônio Carlos sentiu necessidade de dirigir-se ao sanitário. Não querendo incomodar os familiares que estavam trabalhando na loja, entendeu que indo vagarosamente conseguiria chegar até ao banheiro. Ledo engano, alguns passos, veio o desequilíbrio e a queda tão temida.

Estendido no chão, sem condições de se levantar, desconfortável pela urgência em chegar ao banheiro, o que fazer? Rogou em preces o auxílio divino, e, arrastou-se com extrema dificuldade até ao telefone e quando ia ligar para a esposa ouviu a campainha tocar. Conseguiu gritar e se fazer ouvido lá fora e eis que para sua surpresa lá estava o marido da Tereza que, encontrando o portão encostado, que Cândida havia deixado, adentrou o recinto totalmente alcoolizado, mas naquele momento caracterizando-se como um grande benfeitor, não só ajudando o

Antônio Carlos a se levantar, mas também o conduzindo até ao sanitário.

O irmão que vivia mergulhado no vício deletério e na vadiagem comprometedora, naquele momento foi a criatura em melhores condições que os benfeitores espirituais encontraram para a prestação do socorro solicitado.

Em verdade nos ensina o evangelho de Jesus que nunca devemos acreditar que somos superiores a quaisquer criaturas, pois aquele que hoje está com necessidade de receber o nosso socorro, amanhã, em outras circunstâncias, poderá nos socorrer.

Reflitamos...

Capítulo 21

NELSINHO E A FORÇA DO EXEMPLO

Educa e transformarás a irracionalidade em inteligência, a inteligência em humanidade e a humanidade em angelitude.

Emmanuel, psicografia de Francisco C. Xavier, *Fonte viva*, item 30

NA ÉPOCA, NELSINHO MORAVA em um casebre em um dos bairros de maior carência material da cidade. Contava com aproximadamente oito anos de idade e deixava transparecer, no semblante alegre, a expressão de vivacidade.

Morava com o pai, um senhor de meia idade, que ganhava o escasso sustento da família, trabalhando como diarista, ora aqui, ora ali, mas sempre com extrema dificuldade, pois que tinha outros quatro filhos.

Sua mãe, portadora de notório desequilíbrio mental, não suportando as agruras e a miséria da família, abandonou o lar, tomando rumo ignorado, deixando a prole em completo abandono.

As atividades domésticas foram então entregues à pequena Isabel, irmã de Nelsinho, que com apenas dez anos de idade procurava, dentro do possível, atender às exigências do fogão, do tanque, da faxina da casa e ainda amparava os irmãos menores.

Em oportunidades várias, ao nos dirigirmos àquele ninho doméstico, encontramos Isabel ao redor do fogão, preparando a pobre refeição do dia. Nos comovia o coração vê-la, tão pequena, com tamanha responsabilidade. Era na verdade a dona da casa, pois o pai, ainda de madrugada, apanhava o caminhão de "boias frias" e seguia para a lavoura, retornando ao barraco ao escurecer.

Certa feita, no começo da noite, ao aportarmos àquele humilde lar, juntamente com um grupo de amigos fraternos, nos deparamos com as crianças já recolhidas e o fogão apagado, sendo informados de que o chefe da casa ainda não havia voltado do trabalho e, nada tinham para comer. Somente jantariam naquele dia se o pai trouxesse algo ou tivesse recebido o dia de trabalho.

Nelsinho, no chão da pequena sala, com um pedaço da madeira, algumas latinhas e uma velha faca de cozinha, distraído, tentava montar alguma coisa.

- Estou fazendo um camburão, tio!

- Mas, Nelsinho, por que um camburão? Por que um carro policial?

- Sabe, tio, é que meu irmão mais velho estava com fome, saiu na cidade e fez coisa errada. Então, hoje de manhã, o camburão veio e levou ele embora. Acho que ele está preso. O camburão prende as pessoas, não é tio? O senhor poderia me arrumar alguns pregos, para terminar meu camburão?

Com um "nó" na garganta e algumas lágrimas nos olhos, percebemos que o Nelsinho, era igual a qualquer outra criança, que sonhava, sofria e imitava aquilo que o rodeava no momento.

Sem dúvida, ali identificava a força do exemplo. O menino patenteava em suas atividades exatamente o reflexo da vida que o cercava.

A criança é mesmo uma fita virgem que o futuro reproduzirá aquilo que nela for gravado. Então, podemos perfeitamente identificar o tamanho de nossa responsabilidade.

O que estamos fazendo por nossas crianças? Que exemplo estamos oferecendo? Que tipo de ajuda conseguimos ofertar ao meio social em que vivemos?

A criança que é amada, ama. Aquela que é protegida, protege. A que é acariciada, acaricia. A que é educada, educa. A que é marginalizada, marginaliza. A que é violentada, violenta. A que é abandonada, abandona. A que é agredida, agride. A que é desprezada, despreza.

Nelsinho tinha um camburão como modelo naquele momento. E as crianças que estão sob nossa influência, o que têm como modelo?

Pensemos nisso.

Capítulo 22

A DIFÍCIL SITUAÇÃO DE RICARDO

Não julgueis, pois, para não seres julgados, porque com o juízo que julgares aos outros, sereis julgados.

Jesus, Mateus, 7:1-2

RICARDO, SUA ESPOSA E quatro filhos pequenos seguiam pela vida numa situação econômica equilibrada.

Empregado de uma indústria de móveis ganhava para a sobrevivência de sua família, lutando obviamente com alguma dificuldade, mas mantendo em dia o aluguel, as contas de luz, água, alimentação, a escola para as crianças e outras obrigações inerentes a qualquer agrupamento familiar.

Tudo caminhava bem até que a empresa que o mantinha como empregado, por problemas financeiros, encerrou suas atividades. Deixou de pagar-lhe o salário do mês trabalhado e como era final de ano, não pagou também o décimo terceiro salário. Não estando Ricardo devidamente registrado, conforme preceitua a lei, ficou sem qualquer possibilidade de recebimento de direitos trabalhistas.

As contas começaram a vencer: aluguel, supermercado, água, luz, escola, prestações outras etc.

Ricardo, desempregado, sai a cata de nova ocupação e a resposta que obtinha era sempre a mesma: "estamos dispensando também", "faça uma ficha de solicitação de emprego", "preencha o cadastro", "deixe seu curriculum". Emprego mesmo, nada.

Conseguia, vez por outra, apenas algum trabalho como diarista, na lavoura ou na construção civil.

O tempo foi passando e a solução imediata foi vender a televisão, o rádio, os móveis e por último a geladeira para pagar despesas de farmácia com as crianças.

Com a família deixou a casa por não mais poder arcar com o aluguel e se abrigou num "barraco", numa das favelas da cidade.

Carência total, fome, crianças doentes, aflição, desespero... Vida desumana.

Aí está, amigo, uma situação verídica, sem nenhuma imaginação literária, a realidade pura, terrível, de um drama social.

Ricardo, um chefe de família honesto, trabalhador, jogado pela sociedade na vala fria e desalentadora do desemprego, com remotas possibilidades de reequilibrar-se novamente.

Por quanto tempo esse homem, que sempre cumpriu com suas obrigações, suportará viver mergulhado em tamanha aflição?

Ricardo, pela sua formação, talvez consiga sobreviver sem se chafurdar no mundo do crime, mas seus filhos, como reagirão, vivendo agora em ambiente propício à marginalidade, onde os exemplos de indignidade, violência e viciações, vicejam em abundância?

Amanhã estará essa sociedade que jogou essas crianças pelos desfiladeiros da dor pedindo-lhes pena de morte ou punições severas? Essa mesma sociedade, que pelas contingências, as fez embrenharem-se pelo mundo da criminalidade?

E para quem causou tanto sofrimento, qual seria a pena?

É tempo de reflexão, pois atrás de cada drama social existe sempre um emaranhado de situações que precisam de solução e não de violência. Muito provavelmente nestes casos existe também nossa parcela de culpa. Reflitamos.

Ao invés de pedir a pena de morte a alguém ou nos lançarmos a julgamentos precipitados, de dramas que não conhecemos, cuidemos de observar o que podemos fazer para melhorar a sociedade em que vivemos, oferecendo novas oportunidades aos que seguem no desequilíbrio.

Meditemos.

Capítulo 23

A CONVERSA DA SENHORA CLEIDE

Vigia, pois, o teu mundo íntimo e faze o bem que puderes...

Emmanuel, psicografia de Francisco C. Xavier, *Fonte viva*, item 154

A SENHORA CLEIDE DESENVOLVIA suas funções profissionais normalmente em um estabelecimento de ensino da cidade, quando fora chamada ao telefone por uma das funcionárias do educandário.

– Pronto, Cleide às suas ordens.

– Por favor, senhora Cleide, quem está falando é Ana. Não nos conhecemos pessoalmente, mas gostaria que me falasse sobre a instituição assistencial onde atua como voluntária.

Surpresa, a interrogada passou a descrever, com detalhes, as atividades da entidade que acolhia aproximadamente cem crianças, em regime de semi-internato, de segunda a sexta-feira e atendia a inúmeras famílias que viviam em penúria.

Ao longo do diálogo, a senhora Ana informou que certa ocasião, sua filha, estando próxima a Cleide, a observava enquanto ela comentava sobre a citada instituição, falando dos trabalhos lá desenvolvidos com tanto entusiasmo e empenho que sentiu vontade de também fazer alguma coisa para minorar o sofrimento de tantas criaturas. Ao chegar em sua casa narrou à mãe o que tinha observado e ambas se propuseram a também movimentar recursos na direção dos necessitados. Assim, tomando iniciativa, estava procurando mais informações para saber como poderia contribuir.

A conversa prosseguiu e aquela senhora, após solicitar o endereço da instituição, afirmou que, tão logo tivesse uma oportunidade, visitaria suas dependências para conhecer *in loco* o programa de trabalho.

Dias depois, num sábado à tarde, quando a entidade regurgitava de crianças e adultos que lá aportavam semanalmente em busca de alimento ou alguma outra forma de socorro, a senhora Ana e sua filha compareceram levando consigo uma farta doação de alimentos. Admiradas conheciam um a um, cada cômodo ali erguido e cada atividade desenvolvida, vislumbrando a dedicação de um grupo de voluntários que se esforçava por viver os ensinamentos do Cristo: "ama teu próximo como a ti mesmo".

Sem dúvida, fato que merece não só o registro, como também acurada reflexão, pois a vida com toda a sua beleza é sempre farta em lições.

A senhora Cleide, sem que percebesse, estava sendo observada por uma jovem. Em realidade, ela nem se recordava quando e em que local essa conversa se dera, mas alguém a observava, ouvindo o que dizia.

Como ocupava seu tempo em elogiar e enaltecer o trabalho que era feito pela instituição, em favor dos menos favorecidos pela sorte, despertou o interesse da jovem, que em contato com sua mãe sentiram o forte desejo de vivenciar as lições de Jesus, que solicita a feitura do bem em todas as circunstâncias. Com isso, aquela entidade assistencial ganhou novas colaboradoras e os necessitados, mais solidariedade.

E se a senhora Cleide estivesse denegrindo a imagem da instituição? Falando mal dos seus membros, criticando seus frequentadores? Qual seria a reação da jovem que a observou?

Como afirmou Paulo, o apóstolo, em carta aos Romanos: "Porque nenhum de nós vive para si".

Tenhamos sempre o maior zelo e atenção pelo que falamos, fazemos e exemplificamos, pois que somos frequentemente observados, e, muitas vezes, imitados.

Capítulo 24

O CRIMINOSO QUE SE TORNOU BENFEITOR

Todos recolhemos do Pai celeste os estímulos ao futuro e todos padecemos os reflexos do passado a se nos projetarem sobre a existência.

Emmanuel, psicografia de Francisco C. Xavier, *Pensamento e vida*, item 10

– SEJA BEM-VINDO MEU irmão, estamos a sua disposição em nome de Deus.

Foram as palavras do orientador do grupo mediúnico ao espírito que pela psicofonia se apresentou na sessão mediúnica destinada a socorrer os desencarnados em sofrimento.

- Como seu irmão? Você não me conhece e se me puder ver constatará que sou bem diferente de todos aqui. Sou um criminoso, sou satânico, tenho uma vida de atrocidades que se conhecesse não me manteria junto de vocês. Eu nada fiz de bom nessa vida.

- Calma... é nosso irmão, sim, somos filhos do mesmo Deus e unidos perante a família divina...

- Não perca seu tempo, estou aqui apenas para retirar criaturas que estão com vocês, com quem temos contas a acertar. Só isso me interessa... não tenho nada que vocês possam aproveitar. Aliás, na verdade, eu só tenho essa garrucha e esse picuá de munição. Eu pertenço a um bando e vivo por aí na criminalidade.

- Meu irmão, de alguma forma sempre temos algo de bom, mesmo que vivamos pelas estradas sombrias do erro.

E pela intuição, o orientador da sessão mediúnica descreveu:

- Em certa oportunidade, seu bando estava acoitado em uma mata próxima a um riacho, numa região bem hostil. Estavam com fome e divisaram uma fumaça que se levantava por detrás de espessa cortina de árvores. Concluíram que ali deveria existir uma palhoça. Você e um companheiro, decididos, partiram naquela direção em busca de uma galinha, um porco ou quem sabe até um arroz e feijão. Roubariam o que fosse possível e se precisasse acabar com a família que lá estava não haveria problema. Lá chegando, qual não foi a surpresa ao ouvir gritos de uma mulher. Entraram na choupana e depararam com uma senhora dando à luz a uma criança, sozinha, pois que o marido havia partido para o povoado mais próximo para buscar socorro. O que fazer, diante de inusitada situação? Você e seu parceiro não titubearam, tiraram da algibeira que carregavam um resto de cachaça e deram para a mulher, tentando com isso suavizar seu sofrimento, e por incrível que pareça, ajudaram no parto. A criança nasceu. Você esquentou sua faca no fogo para esterilizar e cortou o cordão umbilical. Aí sim correram atrás de uma galinha, mas para fazer um caldo para a mãe que permanecia no leito ao lado do bebê. Quando o marido dela chegou, depois de um tremendo suto, pois conhecia a fama do seu bando, foi informado do que ocorrera. Agradecido, preparou uma boa refeição para todos. E comovido, junto com sua esposa convidou você e seu parceiro para serem padrinhos da criança, inclusive dando o nome ao menino de João Luiz, em homenagem a você e ao seu companheiro. A partir de então, sempre que você passava pela região levava um presente para o afilhado.

– Mas como sabem disso, faz tanto tempo e o caso ficou só entre nós.

– Caro irmão, isso é uma prova inequívoca de que Deus sabe de tudo e viu o seu gesto de amor e carinho naquela oportunidade.

– Na minha vida, então, só fiz isso de bom.

– Mas a Providência Divina reconhece qualquer gesto de amor para com os semelhantes.

– Não é possível, meu Deus, quem contou isso a vocês?

– Foi aquela jovem que está entrando neste ambiente agora, veja lá...

– Minha filha, minha filha... foi pela dor da nossa separação que eu entrei nessa vida de crimes, queria vingar o mal que fizeram a você... caiu em pranto copioso e profundo, abraçando aquela que era a razão maior da sua vida.

Acolhido pelo carinho da filha amada, que encontrou aquela oportunidade para socorrer o pai, ele viu descortinar novos horizontes e perspectivas para a vida.

Um gesto de fraternidade e amor tem o poder de movimentar as forças celestiais.

Quantos benefícios não colheremos quando entendermos isso e sairmos, decididamente, a fazer o bem de forma constante, evitando o mal de todas as maneiras.

A ciência explica que energia atrai energia da mesma natureza, assim sendo o bem compactua com o bem e o mal se afiniza com o mal. Obviamente a escolha será sempre nossa... e as consequências também.

Reflitamos...

Capítulo 25

ANÉSIO E A LEI DE CAUSA E EFEITO

Tudo o que o homem semear,
isso também ceifará.
Paulo, Gálatas 6:7

– VOCÊ ME CHAMA de irmão? Está completamente enganado, não pode ser chamado de irmão alguém que carrega a mente aturdida por um remorso torturante.

– Não importa o que fizemos, se nossas ações foram boas ou ruins, acima de tudo somos filhos de Deus e dentro da família universal somos todos irmãos - sentenciou o dirigente da sessão mediúnica onde aquele espírito era atendido.

- Diante do que fiz, ser chamado de irmão é pesado demais para mim. Você vê a aparência, não sabe o que está escondido no fundo do meu coração e da minha mente, pois guardo um segredo que somente eu e minha companheira conhecemos. Se soubesse nem permitiria que permanecesse aqui.

- Intuitivamente, sabemos sim, meu irmão, pois diante da Providência Divina não existe nada que fique escondido. Era noite profunda e escura , você se vestiu com roupa preta para passar despercebido. Aproximou-se daquela casa simples, sorrateiramente, com cuidado abriu a janela do quarto onde um jovem casal dormia, após intenso dia de trabalho, apanhou a criança recém-nascida que estava no berço e desapareceu na escuridão.

"Ninguém conseguiu desvendar o mistério do sumiço daquela menina, que contava poucos dias de vida. Inúmeras movimentações de busca foram feitas e o êxito não foi logrado. Ao casal sobrou a dor inenarrável e desnorteadora do sequestro.

"Sua esposa, por problemas físicos, não conseguia uma gravidez e ante a impossibilidade de ser mãe de forma natural, decidiu por separar-se de você, e para que isso não ocorresse foi que nasceu o plano diabólico de raptar uma criança.

"Após o fato mudaram de Estado, foram para longe e nada foi descoberto, ficando o segredo somente com vocês dois. A menina foi criada como sendo filha legítima de ambos. Como possuíam posses materiais deram a ela uma vida de conforto e segurança."

- Meu Deus como você pode saber disso tudo, com detalhes? Era um segredo somente nosso... Então não tenho razão quando afirmo que não devo ser chamado de irmão, ante a barbaridade que fiz? O remorso é imenso, agora fico imaginando, dia e noite, o sofrimento daquele casal após o sumiço da filha. Soube tempos depois que marido e mulher adoeceram profundamente e acabaram morrendo muito cedo. Onde estarão nesse momento e em que condições vivem? Só agora percebo a dimensão da minha loucura.

- Embora a gravidade do ato criminoso você continua sendo um filho de Deus e terá todas as oportunidades de reparar o erro cometido. A menina cresceu - continuou o dirigente da sessão mediúnica, tornou-se adulta, casou-se e tempos depois nasceram duas crianças gêmeas...

- Sim, meus netos, uma menina e um menino que amei e amo intensamente. Sofri muito com eles, pois me rejeitavam, fugiam de mim, não me aceitavam. Eu fazia de tudo para eles, mas existia uma aversão natural entre nós...

- Então, meu irmão, aquele casal que você deixou ralado de desespero, desequilíbrio e dor, retornou ao mundo espiritual em profundo abatimento. Foi então que a Providência Divina resolveu criar as oportunidades do ressarcimento do erro cometido, encaminhando marido e mulher para uma nova reencarnação. Dessa forma eles nasceram junto de você na condição de netos, como filhos da filha deles que você, num momento insano, raptou. Por isso a aversão deles para consigo. Você perguntou como estariam agora... a resposta você já tem.

"A história é longa, meu irmão, se perde no tempo, mas por ora é o suficiente para acalmar o seu coração arrependido. Diante dos seus olhos, agora, despontam as criaturas que agiram para que nesta noite chegasse o socorro de que precisava."

Anésio com os olhos encharcados de lágrimas enxerga a sua esposa e logo atrás seus pais e os pais daquele casal que um dia sofrera tamanho infortúnio. Vieram socorrê-lo.

Ante a lei de ação e reação, nada passa despercebido aos olhos de Deus.

Somos livres para decidir pelo teor das nossas ações, mas uma vez agindo, obrigatoriamente colheremos os reflexos naturais das nossas deliberações.

Paulo de Tarso, peremptoriamente, afirmou: "Tudo o que o homem semear, isso também ceifará". (Gálatas 6:7).

Mas sendo Deus um Pai amoroso, embora os nossos erros, sempre concede novas oportunidades de reparação. Em verdade ninguém está desamparado.

Reflitamos.

Capítulo 26

O JOVEM ASSASSINADO RETORNOU COMO NETO DO ASSASSINO

E os que fizeram o bem sairão para a
ressurreição da vida; e os que fizeram o mal,
para a ressurreição da condenação.
João, 5:29

- SEJA BEM-VINDO A esta casa, meu irmão. Em nome de Deus o acolhemos e lhe desejamos muita paz.

– Você não está me vendo? Não percebe o monstro cruel que sou? Não identifica em minha horrível aparência a perversidade que carrego no coração? Como tem coragem de chamar-me de irmão?

Assim iniciava o diálogo entre o esclarecedor e o espírito comunicante em uma sessão mediúnica.

- Eu carrego uma culpa sem tamanho, sem perdão. O remorso corrói as entranhas do meu ser. Não sou digno de estar aqui, deixe-me sair, seguir meu caminho de tortura e desespero. O que fiz não tem mais conserto.

- Calma, amigo, somos todos filhos de Deus e o Pai Celestial a ninguém desampara. Qual de nós, filhos desse Pai amoroso que não tenha cometido, ao longo do tempo, inúmeras faltas? As leis de Deus são de amor e justiça, jamais de castigos e punições.

- O que fiz foi muito bárbaro. Eu, brutalmente, tirei a vida de uma pessoa e ainda covardemente deixei que um inocente pagasse pela minha culpa. Inocente esse que não suportando a injustiça feita com ele, acabou por tirar sua própria vida numa cela de cadeia. Sou um monstro, não mereço misericórdia.

- Mas, meu irmão, não somos tão perversos assim, que nunca realizamos nenhuma ação digna. Lembre-se, era noite com raios intensos e trovões apavorantes. A escuridão pesada nada deixava ver, mas você ouviu pedidos de socorro a certa distância da sede da sua fazenda, onde morava. Aproveitando a claridade dos relâmpagos e seguindo para a direção daqueles lamentos encontrou uma família, três crianças, pai e mãe grávida, já prestes a dar à luz o seu bebê à beira da estrada, sem rumo, desorientados e muito amedrontados com a tempestade que vinha.

"Sensibilizado, levou-os para sua casa, acolheu-os em depósito de cereal que estava vazio, deu-lhes alimentação, roupas e improvisou colchões a todos. No dia seguinte, em sistema de mutirão, atendendo a um pedido da esposa e filha, construiu uma pequena casa de madeira e acomodou-os nela. Alguns dias e o bebê nasceu.

"O pai de família, não podendo pagar pela generosa acolhida, solicitou autorização para ajudar na lida do gado e tempos depois, pela sua dedicação e competência tornou-se o responsável pelo rebanho. As crianças o chamavam de padrinho e você fez muito por eles."

– Mas aí é que minha culpa se torna ainda maior e meu remorso assemelha-se a uma lâmina que perfura meu coração seguidamente. Pois, uma dessas crianças, tornando-se um jovem, enamorou-se da minha filha, aquela que havia intercedido por eles, e eu, na minha crueldade e ignorância não quis essa união, pois sonhava para ela um casamento pomposo com algum fazendeiro. Então, planejei e executei o assassinato daquele jovem que me chamava de padrinho e que ajudei a criar. Mas para continuar a gozar do respeito e consideração daquela família e da sociedade arquitetei uma forma em que a culpa pudesse cair sobre outra pessoa. O plano foi perfeito diante dos olhos humanos, mas jamais diante da justiça divina e da minha consciência. Como vê, não posso ter perdão.

– Meu irmão, o fato de arrepender-se já é o início da reparação. A Providência Divina encontrará um jeito de ajudá-lo a reparar seu erro.

– Meu castigo começou mesmo na Terra, pois a minha filha se casou com outro rapaz e presenteou-me com lindo neto. Esse neto foi e é a razão da minha vida, como eu o amo, como eu o quero bem. Tinha planos para ficar junto dele por muito tempo. E, quando ele cresceu um pouquinho e começou a se relacionar mais intensamente comigo, veio a minha doença e deixei meu corpo físico. Como sinto falta dele. Quanta saudade.

"Mas agora fico a perguntar e aquele jovem que tirei a vida, num instante de insensatez e perversidade, como estará? Como deve ter sofrido! Como me reconciliar com ele? E tudo o que eu quero é pedir perdão.... onde estará ele?"

- Meu irmão, olhe para frente e veja com os próprios olhos onde e como está aquele jovem.

Nesse instante o espírito deu um grito e caiu num pranto profundo, tendo dificuldade de acreditar no que via.

- Meu Deus, meu Deus, como assim? Aquele jovem é o meu neto amado. Eu tirei-lhe a vida física e ele voltou para minha casa, para que eu pudesse começar a reparar o meu lastimável erro. Meu neto, meu netinho querido.... Meu Deus..

Afirma Paulo, em carta aos Hebreus, 13:5, "Nunca te deixarei e nem desampararei". O erro não tem origem na Providência Divina, mas no homem, no entanto as justas, sábias e amorosas Leis de Deus, sempre encontram uma maneira de socorrer as criaturas e ofertar a elas as oportunidades de reparação dos equívocos cometidos.

Nosso irmão não quis o jovem como seu genro, mas Deus o colocou como seu neto, para que aprendesse a amá-lo.

Reflitamos.

Segunda parte

Reflexões

Capítulo 1

A TIMIDEZ DOS BONS E A OUSADIA DOS MAUS

– Por que, neste mundo, os maus exercem geralmente maior influência sobre os bons?
– Pela fraqueza dos bons. Os maus são intrigantes e audaciosos; os bons são tímidos. Estes, quando o quiserem, assumirão a preponderância.
Allan Kardec, *O Livro dos Espíritos*, questão 932

NO CONTEXTO SOCIAL EM que vivemos, ante os dissabores que a sociedade tem colhido como decorrência dos desajustes no âmago dos relacionamentos humanos, sugere o Espírito de Verdade, a Allan Kardec, àqueles que já despertaram para os reais valores da vida, que assumam a preponderância, isto é, que deixem a zona de conforto em que vivem, neutralizando a timidez e aguçando a ousadia.

Ser ousado, aguerrido, atrevido mesmo, não significa insuflar a violência, mas ter a coragem e o arrojo de defender, com bravura e interesse, aquilo que é nobre, digno e ético.

Não se pode deixar o mal prosperar nos espaços deixados pela timidez que domina os homens de bem. A criatura humana, além de ser boa, ainda é indispensável que seja justa. Calar quando se deve falar, esconder quando se deve apresentar, omitir quando se deve participar, obviamente são práticas que em nada contribuem para a construção de uma sociedade mais justa, fraterna e humana.

Os maus são ousados, pois que não temem pela reputação, pela probidade, nem se preocupam com a indignação ou opinião das pessoas, são maus e pronto. Fazem barulho, assustam, destroem, e, no momento da perversidade, anestesiados pelo desequilíbrio, a consciência de nada os acusam, por isso são atrevidos e atuam nos espaços onde os bons deveriam estar, ostentando a bandeira da decência, da honestidade e da fraternidade.

Os bons precisam estar presentes em todos os segmentos sociais; na escola do filho, na associação de bairro, no grêmio estudantil, na associação filantrópica e assistencial, na política, na organização trabalhista, na organização patronal, nas decisões que interessam à comunidade em que vivem... enfim, têm que participar, pois se não se apresentarem para a ocupação dos espaços que são seus, sem dúvida, virão os maus e, sem cerimônia, ocuparão as cadeiras vazias e farão o estrago que já é do conhecimento geral.

Então, não basta criticar, reclamar, gritar por um mundo mais decente, ordeiro e próspero, imperioso se torna a participação para que tais conquistas cheguem mais depressa e sem tanto sofrimento.

Para tanto não será preciso ser expoentes da cultura, da força, da intelectualidade, da fortuna, da virtude, do desprendimento, da caridade, mas sim será preciso, e muito, de boa vontade e uma hercúlea dose de esforços. Isso, obviamente, está ao alcance de todos... basta querer.

Sem nenhuma violência, quando os maus

perceberem que os espaços estão sendo preenchidos pela ousadia e coragem dos bons, baterão em retirada, por falta de opção e oportunidade, daí em diante será erguido, com segurança, o edifício da paz e da serenidade que tanto desejamos.

Observemos, então, qual o espaço que nos pertence na ordem do progresso e ocupemos a nossa cadeira... para servir, obviamente.

Capítulo 2

Não basta pregar, é preciso exemplificar

Nem todo o que me diz: Senhor, Senhor, entrará no Reino dos Céus, mas sim o que faz a vontade de meu Pai, que está nos céus, esse entrará no Reino dos Céus.
Mateus, 7:21

Sem dúvida, tem um valor incalculável a divulgação das valiosas e oportunas lições de Jesus, mas elas terão um valor ainda maior quando as exemplificarmos no cotidiano.

Não basta, portanto, que falemos da importância do amor, melhor será que em nossas ações e procedimentos demonstremos o verdadeiro amor.

Em púlpitos, tribunas e palcos, temos plenas condições de verbalizar o quanto a fraternidade pode oferecer de benefícios aos homens, mas o convencimento sobre tal assertiva chegará às massas populares, mediante os nossos exemplos de vivência fraterna no seio social em que mourejamos.

Merece aplauso e reconhecimento a criatura que em suas manifestações expressa a grandeza da caridade, mas seu conceito terá maior e mais profundo alcance se estiver acompanhado da real prática da solidariedade.

Vale muito ensinar, mas vale muito mais ensinar exemplificando aquilo que ensinamos. Jesus Cristo, para todos nós, precisa ser o guia e o modelo a ser seguido, pois que sempre deu inequívocas demonstrações práticas de tudo aquilo que disse.

Vivendo na mais pura humildade, o divino amigo dispensou aparatos, pompas e regalias e se preocupou tão somente em ser entendido, se esforçando ao máximo para que as suas inesquecíveis lições ocupassem a mente e o coração de cada ser humano.

A nenhum de nós pediu ou exigiu santidade, ou espetáculo de grandeza, e ainda hoje espera que apenas empreendamos muitos esforços e dedicação para que alcancemos a angelitude que nos está proposta.

Ante o vasto campo do mundo e o imenso serviço a ser feito, ele espera que o ajudemos a implantar o reino de Deus na Terra. Para tanto, a cota de cada um será a multiplicação dos talentos recebidos.

Aquele que tem o talento da esperança, que o multiplique junto dos que vivem no desespero e no desânimo, informando o valor e a importância da fé em Deus, que em momento algum nos deixa desamparados.

Quem recebeu o talento da alegria que o amplie no seio dos tristes e amargurados, fazendo-os entender que o sofrimento é passageiro e que a vida nos reserva sempre surpresas agradáveis em sua inexorável trajetória.

O detentor do talento da paciência e da resignação, que o faça crescer no contexto das pessoas desesperadas e aflitas, objetivando que percebam a brevidade da dor que as acomete em face do alento que as espera.

O ungido com o talento da sabedoria, que o

faça prosperar, significativamente, junto dos ignorantes e esquecidos, moldurando a eles o quadro promissor de dias melhores no futuro.

O aquinhoado com o talento da determinação e da coragem trabalhe firmemente para o seu crescimento junto dos tímidos, assustados e vacilantes, informando que o medo, em momento algum, criou condições de progresso.

Assim, não vacilemos, ensinar as sábias lições de Jesus é dever e obrigação de cada um, mas nunca somente com palavras, pois que elas o vento pode levar, mas acima de tudo com ações e atitudes, uma vez que os exemplos são marcantes e decisivos, fixando, de forma segura, os ensinamentos cristãos.

Portanto, não basta apenas pregar, é imprescindível agir exemplificando.

Reflitamos.

Capítulo 3

ONDE ESTARÁ JESUS?

Tudo o que fizerdes a um desses pequeninos
é a mim que o fazeis.
Jesus, Mateus, 25:40

A HUMANIDADE SOFRIDA E angustiada avidamente procura por Jesus. Busca o Mestre divino na certeza de encontrar solução para os seus problemas e alívio para as suas dores. No entanto, observando o sofrimento que campeia ao nosso redor, é fácil entender que ainda não logramos encontrá-lo. Por certo ele não se esconde, nem tampouco se furta em socorrer quem o busca, o que ocorre é que queremos encontrá-lo seguindo caminhos diferentes daqueles que informam as suas imprescindíveis e oportunas lições.

Onde estará, então, Jesus? Com certeza o encontraremos na criança sofrida e muitas vezes abandonada que estende as mãos suplicantes, rogando um pedaço de pão, um agasalho, um gesto de carinho ou mesmo um teto para morar. Socorrendo-a estaremos diante do Mestre, que de braços abertos nos acolherá num fraterno abraço.

Estaremos diante dele, quando utilizarmos o nosso tempo de folga para desenvolver qualquer atividade que possa servir aos adolescentes e jovens que seguem pelos escabrosos caminhos da vida, desfrutando de incertezas, dúvidas e da ausência de sadias oportunidades. Ao criarmos mecanismos que possam ampará-los, oferecendo-lhes um norte na vida, teremos Jesus junto de nós.

Se encontrarmos tempo para observar a velhice abandonada e desprotegida, seguindo pelas vielas sombrias da solidão e nos dispormos a amenizar, mesmo que seja um pouco, a angústia e a tristeza de quem se vê longe do afeto dos familiares queridos, sem dúvida, veremos o Cristo estender um sorriso em nossa direção.

Tendo a acuidade de verificar, ao nosso redor, quantas mães choram por ver o fogão sem lume e as panelas vazias e nos propormos a secar as doloridas lágrimas que queimam seus rostos, providenciando o alimento que saciará a fome dos seus filhinhos, sem dúvida, vislumbraremos a satisfação de Jesus que nos derramará seu olhar terno e acolhedor.

Tomando a iniciativa de caminhar com o chefe de família desempregado, à procura de uma ocupação que possa lhe garantir ganhar o sustento com o suor do próprio rosto, devolvendo-lhe a dignidade e a satisfação de poder atender aos seus deveres de cidadão, com certeza, depararemos com a alegria do divino Mestre a nos contemplar com generosidade.

Conseguindo esquecer um pouco os nossos problemas para identificarmos as preocupações que atormentam os irmãos de caminhada, com o desejo firme de levar alento aos seus corações atormentados, além de afrouxarmos as garras do egoísmo que nos maltratam, ainda teremos o prazer de encontrar a desejada aprovação de Jesus.

São tantos os caminhos, tantas as formas, apenas precisamos saber como procurar pelo Cristo, usando o roteiro que ele mesmo nos orientou: "Tudo o que fizerdes a um desses pequeninos, é a mim que o fazeis". Qualquer outro rumo ou direção que insistirmos, teimosamente, em seguir não nos conduzirá ao porto seguro da paz e da felicidade. Já erramos demais, é tempo, então, de refletirmos se realmente queremos encontrar Jesus ou não, pois ninguém poderá ignorar o seu paradeiro. A escolha e a decisão são absolutamente nossas... exclusivamente nossas.

Capítulo 4

O QUE ESTAMOS FAZENDO DA PRESENTE EXISTÊNCIA?

– Em que momento a alma se une ao corpo?
– A união começa na concepção, mas não se completa senão no instante do nascimento.
Allan Kardec, *O Livro dos Espíritos*, questão 344

ESTANDO UM DIA NA espiritualidade e tomando consciência de que a paz e a felicidade que tanto desejamos, lograríamos encontrar mediante os nossos próprios esforços, requeremos aos benfeitores amigos que nos permitissem o retorno à vida física.

Obviamente, após analisarem o nosso pedido e encontrando em nossas intenções reais interesses por evolução espiritual, autorizaram o nosso retorno à arena de lutas.

Essa foi a primeira decisão para iniciarmos a longa caminhada até nossa chegada à Terra, palco de intensa e laboriosa programação a ser executada, visando deixarmos a animalidade com destino à angelitude.

Em seguida, junto aos amigos espirituais, tomamos a segunda decisão ao organizarmos nossa proposta de tarefas na vida material, após análise meticulosa de determinado período do nosso passado, identificando os pontos falhos.

Posteriormente, rastreando as criaturas do nosso círculo de afinidades localizamos corações amigos, que se fizeram os nossos pais, nos recebendo amorosamente em um lar; foi a terceira decisão.

Assistidos carinhosamente por técnicos espirituais especializados em processos reencarnatórios, fizemos uma redução perispiritual, criando condições e ambiências para nos ligarmos ao futuro corpo, após a fecundação do óvulo feminino pelo espermatozoide masculino; caracterizando-se como a quarta deliberação.

Toda essa complexidade, todo esse esforço e trabalho, onde contamos com a participação e o empenho de inumeráveis amigos, apenas para a preparação do processo reencarnatório. Então será oportuno perguntar: o que estamos fazendo na presente existência física?

Em seguida, aconteceu a formação do nosso corpo físico, durante os meses necessários, no âmago da nossa mãe, que nos recebeu amorosamente em seus braços e junto com o nosso pai, nos garantindo os mecanismos e as possibilidades desejadas, consolidando a base para nossa prosperidade espiritual.

Usamos nossos primeiros sete anos, em média, para consolidarmos a reencarnação, recebendo todo apoio e sustentação dos genitores amigos que se prestaram, diuturnamente, em nos oferecer plenas condições de desenvolvimento dos recursos adequados à execução da programação anteriormente estabelecida.

Com o apoio de médicos, professores, familiares e outros tantos colaboradores, superamos os conflitos da adolescência, chegando à idade adulta, onde descortinou para cada um de nós o vasto campo para as nossas ações, sempre na direção da prosperidade espiritual, meta que traçamos um dia na espiritualidade.

Então, novamente precisamos interrogar: o que estamos fazendo da nossa presente encarnação?

Depois desse imenso e notado esforço de um enorme contingente de trabalhadores, agindo, desprendidos e dedicados em nosso favor, estaremos nos esforçando ao máximo e aproveitando todas as oportunidades que a vida tem apresentado, visando com isso sair da animalidade que ainda estamos, na direção da angelitude que haveremos de conquistar?

A organização de um processo reencarnatório é algo extremamente complexo e trabalhoso. Temos consciência disso? Estarão satisfeitos conosco aqueles que se prestaram a nos trazer de volta à vida física?

Com maturidade, reflitamos...

Capítulo 5

O homem de bem

O homem, possuído do sentimento de caridade e de amor ao próximo, faz o bem pelo bem, sem esperança de recompensa, retribui o mal com o bem, toma a defesa do fraco contra o forte, e sacrifica sempre seu interesse à justiça.

Allan Kardec, *O Evangelho segundo o Espiritismo*, cap. 17, item 3

NÃO HÁ UMA ÚNICA criatura, em sã consciência e plena lucidez de raciocínio que não deseja ser feliz e viver em paz. O difícil é encontrar o ponto de equilíbrio que nos permite desfrutar de tais condições.

Informam os espíritos amigos, através da literatura mediúnica produzida por vários médiuns, que somente conseguiremos encontrar a felicidade quando a plantarmos nos corações alheios. E, em verdade, são muitos os irmãos que caminham conosco, esperando pelos nossos atos de amor e solidariedade.

Quase sempre sensibilizamos o nosso coração diante das grandes tragédias, das catástrofes que assolam multidões, mas ao nosso lado, bem pertinho de nós seguem homens e mulheres, jovens e crianças experimentando toda sorte de sofrimento e amarguras.

Aqui é a mãe carente que não consegue, com o seu trabalho, o sustento para os filhinhos desnutridos, carecendo da piedade alheia. Muitas vezes humilhada e cabisbaixa estende sua mão em praça pública para ouvir os mais duros e desumanos comentários.

Ali é o chefe de família desempregado, sem condições de honrar seus compromissos financeiros, visando a manutenção dos seus familiares. Com frequência chora na solidão e se lança temeroso a buscar pelo favor alheio, nem sempre compreendido, mas muito constantemente criticado e mal interpretado.

Mais além é o jovem que não vislumbra oportunidades na vida, lançando olhar perdido no seio da multidão que, às vezes, indiferente, segue seu curso sem notar o desespero daquele que se vê, por instantes, sozinho.

Adiante é a criança sem lar ou aquela que não recebe a atenção dos pais, mesmo vivendo em residências confortáveis. Assustada, tímida, espera que alguém possa perceber o descaso em que vive e se proponha a apontar-lhe caminho seguro.

São tantos os problemas, tantas as aflições, tantas as dores...

O verdadeiro homem de bem é aquele que consegue, por espírito de solidariedade e altruísmo, descobrir, no contexto da multidão, onde estão os corações angustiados e tristes, desesperados e aturdidos, para prestar-lhes o devido socorro e atenção.

O cristão autêntico se caracteriza pela sua presteza e dedicação, amor e fraternidade, sempre atuando em favor e na direção daqueles que sofrem.

Basta, portanto, que olhemos ao nosso redor e de imediato descobriremos o tamanho do serviço a ser feito e como são poucos os que se põem a servir.

Não importa o quanto podemos fazer, mas

sim o nosso real desejo de realizar. Tomemos como exemplo e ponto motivador a expressão evangélica do "fermento que leveda a massa toda". Saiamos, portanto, a distribuir o fermento da boa vontade, do interesse firme em ajudar aos mais necessitados e muitos se juntarão ao nosso propósito.

Não fiquemos esperando que as oportunidades caiam do "céu", antes nos esforcemos para fazer nascer as oportunidades de cooperação junto aos que choram e padecem pelas estradas do mundo.

Existe fome de alimentos, mas talvez encontremos pela vida fome ainda maior de compreensão entre as criaturas, de esperança entre os desiludidos, de alegria entre os tristes, de otimismo entre os derrotados, de fé entre os descrentes, de força entre os fracos, de cultura entre os ignorantes, de certeza entre os que duvidam.

Doemos o nosso prato de sopa, o nosso pedaço de pão, o nosso agasalho ao necessitado do corpo, mas nunca deixemos de oferecer os nossos sentimentos, a nossa solidariedade e o nosso amor aos que são carentes do espírito.

Portemo-nos, então, como verdadeiros homens de bem... e Deus cuidará de nós.

Capítulo 6

Assim é o amor de Jesus. Amor que acolhe

Amai-vos uns aos outros como eu vos amei.

Jesus, João, 13:34

Sendo Jesus Cristo, o guia e modelo para a humanidade, conforme a questão 625, de *O Livro dos Espíritos*, de Allan Kardec, esmerou-se em dotar a humanidade de todas as lições possíveis, objetivando que no contexto dos homens, um dia, reinem a paz e a felicidade.

Assim conclamou o amor como base concreta e elemento indispensável para que a harmonia e a fraternidade, futuramente, venham a morar de forma definitiva aqui na Terra.

Mas foi mais além dizendo que o amor entre as criaturas precisa ser como ele exemplificou, ou seja, como ele amou.

Então, como deverá ser esse amor de que dá notícias o Mestre?

Observando e reflexionando acerca da vida de Jesus neste mundo, seus ensinamentos e exemplos, podemos perfeitamente compreender como amar conforme ele nos amou.

Tomemos como exemplo a trajetória de Maria Madalena, a jovem pecadora, de rara beleza, que se prestava à prostituição, tendo a seus pés os mais afamados mercadores, homens públicos, afortunados. A vendedora de prazeres, embora cercada por muita gente, sentia-se solitária, pois o amor que vivia era o amor carnal, quando em verdade desejava conhecer o amor solidário, fraterno, espiritual.

Decidida, almejou mudar de vida e foi procurar Jesus. Inicialmente temerosa, pois que não sabia como seria recebida por aquele Galileu de quem havia recebido tantas informações diferentes, consoladoras, alvissareiras.

Diante de Jesus narra sua vida, seus temores, suas decepções, suas dores, e, em momento nenhum sentiu qualquer reprovação por parte dele, nenhuma condenação, reprimenda, admoestação ou censura. Registra tão somente a suavidade de um olhar compreensivo e meigo e é orientada a seguir seu curso de redenção.

Em outro momento, Jesus recebe uma multidão, sob forte alarido, trazendo à frente uma mulher pega em adultério. Os acusadores desejavam apedrejá-la conforme mandava a lei da época e questionaram Jesus se deveriam fazê-lo. O Mestre, fitando-os, afirma categórico "atire a primeira pedra quem estiver sem pecado", quem nunca errou. Após abaixar a cabeça e escrever no chão, levanta o olhar na direção daquela mulher indagando: "onde estão teus acusadores. Ninguém lhe acusou, nem eu a condeno. Vai e não erres mais" (João, 8:3-4).

Mais uma vez nenhuma sentença condenatória, reprovação, acusação ou reprimenda. Novamente o olhar compreensivo e doce, incentivando aquela criatura a redimir-se pelos caminhos da vida.

Com Zaqueu, o publicano, não foi diferente. Homem de má vida, pelos desvios feitos com o dinheiro público, arrecadado pelos impostos cobrados do seu próprio povo, enriquecera ilicitamente. Mas Jesus não vacilou em se hospedar em sua casa, contrariando a opinião da multidão. Horas depois, frente ao Mestre afirmou: "vou dividir meus bens, metade darei aos pobres e a quem prejudiquei darei quatro vezes mais". Foi quando o Cristo pronunciou a célebre frase: "a salvação entrou nesta casa" (Lucas, 19:1-10).

Procedeu Jesus com Zaqueu, como agiu com Madalena e com a mulher adúltera. Olhar suave e meigo, despejando compreensão e tolerância para com as faltas alheias. Nada de condenação, reprimenda, admoestação ou sentença acusatória. Ensinou o Cristo que aos personagens citados bastava o arrependimento, o remorso, as dores íntimas. Sua atitude ao invés de humilhá-los, os exaltaram, criando em cada um o sustentáculo firme que propiciou a redenção deles.

Assim é o amor de Jesus. Amor que acolhe, que destaca os valores de cada criatura, que acredita no potencial redentor de cada ser humano, que incentiva a superação das mais desafiadoras barreiras, que aquece os corações enregelados pela dor, tragédias e decepções.

Amemos uns aos outros e nos esforcemos ao máximo para, pelo menos, um pouco, amar como Jesus nos amou.

Reflitamos.

Capítulo 7

NUNCA ESTAMOS DESAMPARADOS

Os teus momentos difíceis de agora
estarão transpostos logo mais.
Joanna de Ângelis, *Momentos de coragem*

A PROVIDÊNCIA DIVINA SÁBIA e generosa como é nunca desampara criatura alguma. Não importa em que situação estamos, sempre os emissários de Deus estarão nos observando e na proporção dos nossos esforços e merecimentos promovendo o socorro de que temos necessidade.

A tempestade das decepções nos atingiu os

sonhos e as expectativas, derramando o fel da tristeza e do sofrimento? Não percamos as esperanças, pois muito mais do que imaginamos os benfeitores espirituais velam por nós. No dia seguinte tudo pode mudar.

A ingratidão oriunda de familiares queridos nos colheu de surpresa pelo caminho? Firmemos a convicção de que agem sem pensar e que ainda não perceberam o mal que estão nos causando. De um momento para outro podem alterar a conduta.

O desemprego nos roubou a oportunidade de ganharmos o pão de cada dia, nos repletando de aflições e incertezas? Permaneçamos determinados na luta cotidiana em busca de novas oportunidades de trabalho. O minuto seguinte é imprevisível.

Entes amados nos deixaram, viajando pelo comboio da morte, abrindo enorme lacuna de saudades em nosso coração? Continuemos a viver com otimismo, pois que a morte só mata o corpo e dia virá que novamente os reencontraremos nas paragens espirituais. A vida na Terra é somente uma etapa da vida total.

O cônjuge que dividia seus dias conosco, repentinamente decidiu por seguir outras direções, deixando-nos na solidão? Prossigamos confiando do poder da nossa resistência, visando recomeçar a vida contando com nossas próprias forças. A ilusão com frequência anestesia as mentes frágeis.

Os filhos que tanto amamos e a quem dedicamos a maior parte das nossas horas, acabaram por se revelarem viciosos, indiferentes e acomodados? Não os abandonemos, pois que os "sãos não precisam de médico". Muitos seres humanos adultos ainda são crianças no comportamento.

Os amigos que sempre enfeitaram nossa casa em dias festivos e regados a iguarias, nos vendo mais pobres e em dificuldades materiais, bateram em retirada? Avancemos destemidos mesmo assim, pois que em realidade eram amigos das nossas posses ou da nossa conta bancária equilibrada. A amizade sincera se prende ao coração e não aos recursos financeiros.

A doença pertinaz e incurável tomou conta do nosso corpo, prostrando-nos em leitos de dor? Lembremos de que nos instantes mais difíceis e intrincados fazemos as reflexões mais profundas e sábias acerca da finalidade da nossa vida na Terra. O corpo transitório é somente a vestimenta do espírito imortal.

A existência dura e sofrida que levamos nos coloca seguidamente diante da humilhação e da dependência alheia? Não desanimemos, pois que é muito melhor ser humilhado que exercitar o orgulho e o egoísmo, essas chagas terríveis que atrofiam nossos mais belos e sublimes sentimentos. Na vida tudo passa.

Nunca te deixarei, nem te desampararei, afirma o apóstolo Paulo, em carta aos hebreus, e, naturalmente, por consequência afirma a nós também que após a tempestade vem a bonança e depois das trevas da noite espessa, surgem os raios luminosos do sol anunciando o alvorecer de um novo dia.

Assim, onde estejamos, colhendo sejam quais acontecimentos forem, dentro da nossa realidade, estaremos sempre sob os olhares carinhosos e ternos da Providência Divina. Confiemos no socorro que sempre chega e prossigamos...

Capítulo 8

NINGUÉM ESTÁ SOZINHO

Nunca te deixarei, nem te desampararei.
Paulo, Hebreus, 13:15

CRIATURA ALGUMA VIVE SOZINHA, por mais que pareça estar no abandono ou conhecendo os mais amargos e aflitivos dramas, pois que a Providência Divina a ninguém desampara.

Filhos de Deus como todos somos, fomos criados na simplicidade e na ignorância com a proposta de chegarmos à perfeição, isso, obviamente, mediante nossos esforços e méritos, uma vez que nada nos será dado de forma gratuita sem que tenhamos nos esforçado para as conquistas que nos são imprescindíveis e necessárias.

Não há como negar que existem momentos em nossas vidas que nos sentimos em profunda exaustão, onde percebemos nossas forças e ânimo abalados, observando nossas reservas mais íntimas em descompensação, mas mesmo nesses instantes será preciso ter convicção de que Deus, nosso Pai de eterna bondade, prossegue sabendo tudo o que nos ocorre e atua para que o mais breve possível possamos, outra vez, ganhar a estabilidade.

Em realidade, tudo passa, é preciso então seguir confiante, trabalhando e agindo, esperando pelas surpresas do tempo, mas nunca pessimistas, abatidos e apáticos.

Observemos o exemplo da natureza, por mais espessa e escura seja a noite, ninguém consegue evitar ou impedir que algumas horas depois surja o sol radiante, anunciando as esperanças de um novo dia, trazendo consigo as mais amplas possibilidades de realizações e conquistas.

A árvore frutífera que sofre as agressões da poda não reclama, antes se esforça, o máximo possível, para em breves dias apresentar os brotos tenros que se transformarão em galhos repletos de frutos saudáveis.

Reflitamos, então, que quando as provas duras ou fortes obstáculos parecem querer impedir os nossos sonhos de paz e felicidade, na verdade são ações que a vida estabelece, tendo como meta e objetivo o nosso crescimento espiritual, pois que a nossa passagem pela Terra tem a duração de alguns anos enquanto a nossa vida definitiva, a espiritual, é eterna, imortal.

O corpo é passageiro, já o espírito é definitivo, então os valores e as conquistas materiais precisam redundar em benefícios espirituais para que realmente continuemos nossa caminhada no rumo da serenidade e bem-estar que tanto sonhamos e queremos.

Portanto, nada de desânimo, de desespero, de inconformismo. Na condição de filhos de Deus, nunca estamos sozinhos.

Arregimentemos forças, busquemos por coragem, procuremos por determinação e perseverança e prossigamos confiantes, na certeza absoluta de que constantemente somos observados, seguidos, assistidos e ajudados pelos espíritos benfeitores, que são os emissários de Deus destacados para trabalharem em nosso favor.

Nunca nos esqueçamos que as tempestades por mais intensas e arrasadoras são sempre seguidas pela atmosfera tranquila. Depois das rudes tormentas que surgem para amadurecer o nosso espírito, também usufruiremos da tranquilidade merecida.

Mantenhamos, pois, a coragem e sem esmorecer prossigamos em nossas tarefas aguardando o momento de paz que esperamos.

Deus, nosso Pai, constantemente vela por nós, busquemos por Ele, em nossas preces e logo veremos os resultados da nossa confiança.

Capítulo 9

JUNTAR TESOURO ESPIRITUAL

Não queirais entesourar para vós tesouros na terra, onde a ferrugem e a traça os consomem, e onde os ladrões os desenterram e roubam.

Jesus, Mateus, 6:19-20

UMA VEZ QUE ESTAMOS vivendo na Terra, obviamente, temos necessidade dos bens materiais para dar sustentação à nossa existência. O que Jesus quis informar com a frase acima é que não devemos dar mais atenção às conquistas materiais em detrimento das espirituais, pois que as primeiras são passageiras enquanto as segundas são eternas, definitivas.

A verdadeira vida é a espiritual de onde saímos um dia para nos fixarmos, por um período aqui na Terra, onde estamos usufruindo a presente encarnação. No entanto, a passagem por este mundo tem curta durabilidade, variando de pessoa para pessoa. Finalizado esse período retornamos ao mundo dos espíritos.

Portanto, a nossa preocupação maior deve se prender em entesourar valores que permanecerão e seguirão conosco pela eternidade, formando o nosso patrimônio definitivo que nos garantirá a paz que desejamos e a felicidade que avidamente procuramos.

Vivamos aqui na Terra fazendo uso equilibrado dos recursos materiais que nos são indispensáveis, mas sempre atentos para que não os elejamos como prioridades, o que por certo criará sérios problemas para a nossa ascensão espiritual.

Juntemos tesouro suficiente para dar segurança e tranquilidade à nossa família, mas sempre que possível façamos algo para socorrer e ajudar também as famílias que vivem ao nosso lado e que muitas vezes passam por enormes dificuldades materiais. Muitas delas não têm nem o mínimo necessário à sobrevivência.

Aprendamos a repartir do que temos com aqueles que nada têm, pois que a verdadeira felicidade nascerá em nosso coração oriunda da felicidade que plantarmos nos corações alheios. Francisco de Assis há muito informou que "é dando que se recebe".

Obviamente, ninguém está impedido de ter posses materiais aqui na Terra, desde que obtidas com honestidade e lisura, apenas o bom-senso nos indica que a preocupação excessiva em ter sempre mais, acaba por desviar a criatura do verdadeiro foco da sua existência, que é a aquisição de valores espirituais, pois que somente eles formarão o seu definitivo patrimônio, o que lhe garantirá uma vida futura de serenidade ou de turbulências.

Muitas vezes, esquecidos de que a vida na Terra é apenas uma etapa da vida total, nos apegamos de tal maneira às coisas deste mundo que criamos sérios embaraços ao nosso redor, dificultando sobremaneira o retorno à verdadeira vida: a espiritual, que mais cedo ou mais tarde se dará.

Procuremos, então, juntar tesouros espirituais. Com facilidade os encontraremos na caridade em favor dos necessitados de toda ordem, na paciência em conviver com aqueles que, porventura, nos causam problemas, na determinação em seguir nossas metas de trabalho, na fé consciente de que somos filhos de Deus e que tudo o que nos acontece tem a supervisão do Pai Celestial, na resignação ante as dificuldades que por agora não podem ser mudadas, na confiança absoluta de que estamos sempre muito bem amparados pela Providência Divina.

Vivamos no mundo desfrutando sensatamente as coisas materiais, mas não olvidemos a importância das espirituais, se é que pretendemos encontrar o reino da paz e da felicidade.

Meditemos.

Capítulo 10

Viver as lições de Jesus

Se alguém me ama, obedecerá à minha palavra. Meu Pai o amará, nós viremos a ele e faremos morada nele.

Jesus, João, 14:23-24

Jesus Cristo, dentro do seu reconhecido dinamismo, com clareza, orientou e vem orientando a humanidade, incentivando para que ela faça uso dos melhores caminhos na busca pela paz que anseia e pela felicidade que deseja arduamente.

Suas inquestionáveis lições sempre incitaram

os homens a viverem com praticidade à caça dos seus objetivos. Uma vez vividas conforme as apresentou, conseguirão, os caminheiros deste mundo, evitar os equívocos, as fantasias e as ilusões que os confundem.

Ensinou que não basta gritar o nome de Deus, para que consigamos qualquer benefício em nosso favor, mas sim fazer a vontade do Pai Celestial, que instituiu o sábio Código Divino, um roteiro seguro que deverá ser fielmente seguido, se realmente pretendemos atingir a perfeição a que estamos destinados.

Jesus Cristo esclareceu sobre a importância e o valor do perdão, em quaisquer circunstâncias em que formos prejudicados. No entanto, quantos de nós já conseguimos perdoar?

Falou sobre o significado da caridade, esse sentimento tão íntimo, capaz de aliviar a dor e o sofrimento daqueles que seguem pela vida padecendo profundos quadros de angústias. No entanto, utilizamos tão bela dádiva, desinteressadamente, em favor dos irmãos que choram por algum motivo?

Comentou sobre a urgente necessidade de amarmos uns aos outros, sem imposição de condições ou reconhecimentos. Por nossa vez já conseguimos amar, desprendidamente, aqueles que nos rodeiam?

Destacou a necessidade de tomarmos iniciativas, quando sentenciou que devemos fazer aos outros aquilo que desejamos a nós mesmos. Temos agido de forma a oferecer ao nosso próximo aquilo que nos faria bem?

Pediu que a nossa vida fosse construída dentro da mais pura humildade e simplicidade, tendo sempre em mente a proposta de viver de forma descomplicada e séria. Em realidade, o que temos feito para neutralizar o orgulho e o egoísmo, essas terríveis chagas da humanidade, que tantos males e infortúnios têm nos causado?

Afirmou que os sãos não precisam de médicos, deixando bem claro que precisamos socorrer aqueles, que porventura, estejam seguindo pelos equivocados caminhos das ilusões, despertando-os para os reais e imprescindíveis valores da vida. O que temos feito em favor desses "pequeninos"?

Informou que não basta descobrir e catalogar os problemas que atormentam as criaturas humanas, fazendo-as infelizes e decepcionadas, mas agir de forma decidida, para que tais problemas encontrem solução. O que estamos fazendo para melhorar a qualidade de vida dos irmãos do caminho?

Exemplificou a tolerância e o perdão quando formos vitimados pela incompreensão alheia, sem revide ou vingança. De nossa parte, o que temos feito diante daqueles que não pensam e nem agem como entendemos ser o correto?

Portanto, afirmar que conhecemos Jesus, que confiamos nele, que o admiramos, pouco nos acrescenta se, em realidade, não vivenciarmos no cotidiano, as imprescindíveis, valiosas e oportunas lições do Cristo.

Jesus é o guia e o modelo que Deus ofereceu aos homens. Estamos tirando proveito disso?

Capítulo 11

Expiação, prova e missão

– O espírito pode enganar-se quanto à eficácia da prova que escolher?
– Pode escolher uma que esteja acima das suas forças, e então sucumbe. Pode também escolher uma que não lhe dê proveito algum...
Allan Kardec, *O Livro dos Espíritos*, questão 269

Usando a razão há quarenta mil anos, conforme nos ensina André Luiz no livro *Libertação*, no capítulo I, psicografia de Francisco Cândido Xavier, é óbvio que ao longo de todo esse tempo realizamos grandes conquistas, mas não podemos ignorar os equívocos que e as frustrações que também foram impetradas.

Para reparar nossos enganos, a Providência Divina nos facultou a possibilidade da expiação, ou seja, o resgate dos equívocos, onde cada um de nós, hoje, colhe os reflexos daquilo que plantou. E como as consequências têm sido muitas e dolorosas, não temos dúvida de que o nosso passado não foi dos melhores e nem muito ajustado.

Resgatamos hoje os erros do ontem, nada mais justo, pois nos informou Paulo de Tarso, em carta aos gálatas que "do que plantares colherás" (Gálatas, 6:7). Isso vale também para as coisas boas.

Quanto às provas, como o próprio nome diz, são testes a que somos submetidos para avaliação da nossa posição evolutiva. A exemplo do aluno que mede seu conhecimento pelas provas que realiza na sala de aula, visando demonstrar seus conhecimentos com vistas à promoção a uma série seguinte, nós também, em muitas oportunidades, somos chamados a dar testemunhos do que aprendemos, isso também tendo como meta a ascensão espiritual que é o ideal de todas as criaturas.

Nesse caso, o possível sofrimento, sacrifício

e renúncia decorrentes das provas não são consequência de erros de vidas passadas, mas sim mecanismos utilizados para avaliação, recursos necessários para a identificação da nossa real posição espiritual, com vistas a novas experiências e avanços na escalada evolutiva.

Tanto na expiação quanto na prova, realizamos ações que objetivam as nossas conquistas pessoais, recursos que nos beneficiam diretamente. Já a missão é quando retemos plenas condições de realizar algo que sirva para o progresso geral, atos e atitudes que contribuam, de alguma forma, para o avanço e melhoria da sociedade.

Sendo algo impessoal e que exerce influências ao nosso redor, pois que esparrama seus tentáculos em muitas direções, a missão, por ser algo notável e de excelsitude, obviamente, não se caracteriza como realização corriqueira, comum ou abundante. Não são muitos os missionários ante o padrão evolutivo em que vivemos.

Mas, em *O Livro dos Espíritos*, de Allan Kardec, na questão 582, o Espírito de Verdade nos ensina que somos, sim, missionários, destacando a "missão da paternidade".

Em verdade, se ainda não possuímos notória capacidade para missões de maior projeção e relevância, temos a da paternidade, que é tão expressiva e importante quanto as demais, pois que somos chamados pela Providência Divina a contribuir para a construção de um mundo melhor, mais humano e fraterno, a partir da educação dos nossos filhos ou das crianças que estão sob a nossa guarda e influência.

Uma vez atuando no correto direcionamento dos nossos "pequenos", sem sombra de dúvida estaremos oferecendo exemplar e decisiva participação visando à edificação de uma sociedade justa e equilibrada e por consequência, implantando pilastras de sustentação ao progresso humano.

Portanto, no contexto da nossa existência, estamos passando por expiação, prova ou missão. Às vezes por uma delas ou mesmo por todas ao mesmo tempo. Mas o que realmente importa e promoverá prosperidade espiritual será a forma como usufruiremos dos recursos e mecanismos que elas nos apresentam.

Expiando, provando ou em missão, façamos o melhor possível, assim estaremos aproveitando a presente encarnação e rumando a nossa vida na direção da paz e da felicidade, metas que seguimos e propomos alcançar.

Capítulo 12

Esforço e paciência

Se as provas te encarceram nas grades constringentes do dever a cumprir, tem paciência e satisfazes as obrigações a que te enlaçastes!

Emmanuel, psicografia de Francisco C. Xavier, *Fonte viva*, item 129

Um dia estando na espiritualidade, cansados de lutas improdutivas e exauridos de ações infelizes, decidimos, com a ajuda de benfeitores espirituais pela nossa volta à terra, em nova e promissora encarnação. E aqui estamos diante das múltiplas e valiosas oportunidades de trabalho que nos remeterão à redenção de erros e equívocos impetrados outrora.

Estamos instalados no centro de apropriados mecanismos, patrocinados pela justa e sábia Providência Divina, que nos possibilitarão agir, de forma segura, para obter os resultados que esperamos.

Observado o nosso passado foi possível identificar os pontos de estrangulamento onde residiam as áreas falíveis da nossa escalada evolutiva e, a partir delas, elaborou-se o programa de ações para essa nossa existência física. Portanto, estamos enquadrados num contexto familiar e social dotado de todos os recursos necessários ao nosso roteiro de crescimento espiritual.

Naturalmente, as lutas do momento não têm sido fáceis para criatura alguma, pois que estamos numa jornada de trabalho, corrigenda e aprimoramento e isso custa sacrifícios, dedicação, perseverança e muita determinação, uma vez que não será com tranquilidade que "mataremos o homem velho que mora em nós para fazer nascer o homem novo, repleto de virtudes e despido de defeitos", conforme nos sugeriu Paulo de Tarso.

Então, diante dessa assertiva, não vale agora o desejo de deitarmos nas redes macias da acomodação e vivermos dias de ociosidade e contemplação. Isso já fizemos em outros tempos e os resultados dessa escolha nenhum benefício nos apresentaram.

As dificuldades que ora experimentamos são os caminhos e as diretrizes para a superação de velhos e deletérios hábitos, característicos da nossa posição infeliz, ainda, que precisam ser vencidos, claro, com muito empenho e coragem.

Em assim sendo, pela lógica e presteza das leis Divinas, evitemos o desânimo e o abatimento ante as refregas do mundo, pois tal postura apenas nos remeterá ao fracasso. Observemos as luzes do porvir e as possibilidades presentes ao nosso redor e busquemos pela força que temos guardadas em nosso âmago e, incontestavelmente, aos poucos lograremos o êxito desejado.

As dores, decepções, sofrimentos, angústias, obstáculos são decorrentes de um passado espiritual em desequilíbrio, mas surgem evidenciando a nossa condição atual e aqui estão para serem vencidos, superados. Obviamente, foi por isso que pedimos a atual encarnação, então nada de temor ou pessimismo, mas sim forças determinantes para a transposição de todos os empecilhos que nos afastam da paz e da felicidade que tanto queremos.

Certamente são as provas pedidas um dia na Pátria Espiritual e que agora estão em curso aqui na Terra, então, confiança sempre, pois que Deus a ninguém desampara e, indiscutivelmente, cada um de nós está sob a guarda das forças celestiais, cabendo, portanto, a compreensão, a fé e a certeza de que nenhum recurso nos faltará, para que vençamos a nossa corrida rumo à perfeição a que estamos destinados.

Reflitamos.

Capítulo 13

Deixai os mortos enterrarem os seus mortos

E a outro disse Jesus: Segue-me. E ele lhe disse: Senhor, permite-me que vá primeiro enterrar meu pai. E Jesus lhe respondeu: Deixa que os mortos enterrem os seus mortos, e tu vai, e anuncia o Reino de Deus.

Jesus, Lucas, 9:59-60

JESUS CRISTO, QUE UTILIZAVA as imagens e os recursos didáticos da época, não perdia uma única oportunidade de ministrar suas sábias e imprescindíveis lições, dentro do contexto da Boa-Nova que trazia. É claro que naquele momento não censurava o dever filial de sepultar o corpo de um ente querido que havia desencarnado. Obviamente, referia-se aos "mortos", que estão na vida sem saber viver.

O ser humano que vive aqui na Terra é dotado de duas naturezas; a física e a espiritual. O equilíbrio entre as duas é que dá a verdadeira saúde à criatura. Indispensável, então, o zelo e o cuidado com ambas.

Sendo espíritos eternos, encarnados num corpo material, temos todas as condições e possibilidades de exercitar nossos potenciais e conhecimentos espirituais, com vistas ao progresso, quer seja promovendo a redenção dos nossos erros do passado ou encetando novas experiências e aprendizados no presente. A meta de todo homem é a perfeição, que atingirá mediante seus esforços e perseverança no tempo.

Ninguém está impedido de usufruir a vida material, mas sem causar prejuízos à vida espiritual. Os "mortos", dentro da concepção de Jesus, são aqueles que apenas se preocupam com a existência física. Passam pelos dias numa corrida desenfreada buscando conquistar bens, posição social, fama, prestígio, poder, fortuna, ter mais, sempre mais, mesmo que para isso tenham que lançar mão de métodos e dispositivos não condizentes com os padrões da dignidade, honradez e honestidade. Vencem no mundo, diante dos olhos da sociedade e são derrotados e falidos dentro de si mesmos e diante dos olhos de Deus.

A esses interessam apenas as coisas desse mundo, e Jesus ensina então, que a eles devemos deixar as tarefas exclusivamente materiais, sem nenhum sentido espiritual.

Quando o Mestre afirma: "... e tu vai, e anuncia o Reino de Deus", está propondo às mentes já despertas e iluminadas pelas claridades espirituais que não meçam esforços e dedicação para ajudar, mediante os exemplos, na implantação do Reino de Deus na Terra, pois que o Criador ensina e socorre as criaturas através das próprias criaturas.

Observemos, então, detidamente, se não estamos no rol daqueles que estão "mortos" espiritualmente.

Podemos perceber tal comportamento se no cotidiano não encontramos tempo para a religiosidade, para alguns minutos dedicados à prece, a uma conversa íntima com Deus, para agradecer o que somos e temos, para reconhecer Sua bondade e amor para conosco ou mesmo para pedir a Sua indispensável proteção.

Estamos "mortos" quando passamos indiferentes e insensíveis por um necessitado de qualquer ordem, sem nenhuma preocupação em diminuir ou aliviar os seus padecimentos.

Quando nos sentimos isentos de contribuir para o socorro da infância, adolescência e juventude em risco e vulneráveis a desequilíbrios e quedas nos abismos profundos da imoralidade.

Quando concluímos que o nosso bem-estar e o da nossa família é somente o que importa. Quanto aos demais que cuidem de si próprios.

Quando, para atingirmos os nossos objetivos, metas e conquistas materiais, não vacilamos em prejudicar, ferir ou comprometer a vida do próximo.

Obviamente, se estamos encarnados aqui na Terra é porque o mundo material nos é sumamente importante para que efetuemos o devido progresso, o que Jesus recomenda é que não demos mais importância à matéria do que ao espírito.

Reflitamos...

Capítulo 14

Dar de graça o que de graça recebemos

Curai os enfermos, ressuscitai os mortos, limpai os leprosos, expeli os demônios; dai de graça o que de graça recebestes.
Jesus, Mateus, 10:8

O QUE DE GRAÇA recebemos da Providência Divina é a mediunidade e é a essa faculdade que Jesus se referiu quando informou nossa obrigação de dar de graça o que de graça recebemos.

A mediunidade é inerente ao ser humano, com maior ou menor intensidade todos nós a possuímos. Trata-se da possibilidade que temos de entrar em contato com o mundo espiritual, mais propriamente com os espíritos, essa "multidão de testemunhas que nos cerca", como bem sentenciou Paulo de Tarso.

Uma vez que a morte verdadeiramente não existe, pois o que morre é somente o corpo, sendo que continuamos a viver em outra dimensão, a espiritual, é muito natural que entre os que estão vivendo num corpo físico e aqueles que estão fora dele haja o desejo e o interesse em manter contatos, pois que o vínculo entre aqueles que se amam permanece. A morte física não é capaz de matar o amor, a afinidade e a sintonia que mantêm ligados os que se buscam pelos laços da afetividade.

Assim sendo, pela mediunidade, os "vivos" da Terra se comunicam com os "vivos" do mundo espiritual e nisso vemos a grandeza, o esclarecimento e o consolo que as leis Divinas proporcionam aos homens.

Portanto, fazendo uso da mediunidade, nas suas mais variadas formas, conforme podemos verificar em *O Livro dos Médiuns*, de Allan Kardec, temos imensas possibilidades de ajudar aqueles que caminham conosco pelas longas e muitas vezes pedregosas estradas da vida. Isso, obviamente sem segundas intenções, sem interesses materiais, sem cobrar coisa alguma.

Aquele que conta com força magnética e com a ajuda dos bons espíritos possui condições de socorrer enfermos, faça isso por amor à humanidade, se propondo de forma desprendida, a aliviar a dor e os padecimentos daqueles que sofrem neste mundo.

Aquele que possui a palavra fácil e a inteligência desenvolvida, com o auxílio dos benfeitores da espiritualidade, divulgue a verdade, fale sobre as lições imorredouras de Jesus Cristo, espalhando consolo e esperança por onde andar.

Aquele que escreve com agilidade e competência, contando com a presença de emissários de Deus, produza páginas de orientação, de esclarecimento e contribua para a elevação cultural do povo, pois o Cristo, sabendo dessa necessidade, disse: "conhecereis a verdade e ela vos libertará" (Jesus, João 8:32).

Aquele que tem mãos ágeis e coração sensível, estimulado pela ação amorosa dos "amigos de mais além", produza alguma peça ou realize algum serviço que possa atender as necessidades dos irmãos que passam pela vida em situação de carência e penúria, observando principalmente crianças, adolescentes e jovens que caminham, muitas vezes, sem perspectivas para o futuro.

De graça recebemos o incentivo e os recursos oriundos da Providência Divina, nas mais variadas formas, e de graça, devemos distribuí-los em nosso derredor.

Quem procurar por qualquer benefício ou favorecimento pela distribuição das dádivas que vêm de Deus, por agir na contramão dos ensinamentos cristãos, responderá mais cedo ou mais tarde, perante o tribunal da própria consciência e amargará o peso doloroso do reflexo da irresponsabilidade cultivada.

Doemos de graça o que de graça recebemos, sem qualquer interesse pessoal... esse é o caminho.

Reflitamos...

Capítulo 15

Compreender e perdoar

Se perdoardes aos homens as ofensas que vos fazem, também vosso Pai celestial vos perdoará os vossos pecados. Mas se não perdoardes aos homens, tampouco vosso Pai vos perdoará os vossos pecados.

Jesus, Mateus, 6:14-15

Na acanhada condição evolutiva em que nos encontramos, vivendo num mundo de expiações e provas, precisamos compreender que somos falíveis e, em inúmeras oportunidades, mesmo não desejando, ainda fazemos o mal, prejudicamos criaturas e agimos de forma contrária ao que preceitua o evangelho de Jesus.

Diante disso é imperioso que saibamos sobre as nossas limitações e em momento algum nos iludamos pensando que podemos nos relacionar, no contexto social que nos abriga, de forma totalmente acertada e impoluta.

É necessário, sim, que tomemos cuidado visando agir corretamente, mas ainda não somos criaturas acabadas, estamos a caminho da perfeição, mas não somos perfeitos, por isso os enganos e os equívocos, por enquanto, caminham conosco. Portanto, não podemos exigir dos outros, virtudes e qualidades que também não possuímos, assim o perdão e a compreensão devem estar sempre junto de nós.

Ensina Jesus que à medida que conseguimos perdoar as ofensas que recebemos, Deus também perdoará aquelas que cometemos. Como podemos perceber, a lei de Deus é de compensação, dentro dela somos tratados da mesma forma que tratamos os nossos irmãos do caminho.

Querendo, portanto, que o Pai Celestial seja compreensivo e tolerante para com as nossas faltas, que não são poucas, não nos resta alternativa, até por questão de justiça, que não seja a de ser também compreensivo e tolerante para com as falhas alheias.

Jesus Cristo reforça esse ensinamento no momento em que afirmou: "Não julgueis, pois, para não serdes julgados; porque, com o juízo que julgardes os outros, sereis julgados; e com a medida com que medirdes, vos medirão também a vós" (Jesus, Mateus, 7:1-2).

Dessa forma devemos entender o perdão como uma valiosa e eficiente regra para o salutar convívio social. Sabemos que a vida em sociedade, num clima de entendimentos e compreensão não é nada fácil, mas tendo plena consciência de que ainda podemos errar, teremos melhores condições de entender e aceitar os erros dos outros. Erramos e precisamos do perdão alheio, as pessoas erram e precisam do nosso perdão. Em suma é isso que o Mestre Divino deseja que saibamos convictamente.

Mas quando acreditamos ser detentores da verdade total, que sempre temos razão em tudo, que em todas as ocasiões deve prevalecer o nosso ponto de vista, instalamos ao nosso redor o prejudicial e deletério clima da intolerância. E essa situação implantada faz nascer terríveis desentendimentos, gerando conflitos nas famílias, no seio da sociedade e servindo de fomento para as grandes e catastróficas guerras que assolam as comunidades.

É óbvio que não devemos nos acomodar na posição de criaturas falíveis, mas é preciso ter consciência de que ainda somos imperfeitos. Estamos a caminho de maior equilíbrio e devemos nos esforçar ao máximo para consegui-lo rapidamente. Mas, enquanto tal situação perdurar, para o nosso bem e para o bem de todos, jamais deixemos de fazer uso do perdão e da tolerância.

Sigamos pela vida perdoando quem nos ofende e pedindo perdão àqueles que ofendemos. Vivenciando, no cotidiano, essa imprescindível lição de Jesus teremos dias mais tranquilos e criaremos condições para que os outros tenham também.

Com o mesmo juízo que julgarmos aos outros, seremos julgados... pensemos nisso.

Capítulo 16

COMBATER OS NOSSOS DEFEITOS

Por que vês tu, pois, o argueiro no olho do teu irmão, e não vês a trave no teu olho?
Jesus, Mateus, 7:3

A CRIATURA EMITE OPINIÕES e faz comentários sobre aquilo que conhece e sabe mais, diante da familiaridade com os assuntos e convivência no cotidiano. Portanto é fácil compreender o porquê de tantas críticas e observações maldosas existentes no meio social em que vivemos, pois são esses sentimentos que ainda alimentamos em nosso coração. "**A boca fala** daquilo que o **coração está cheio**" (Jesus, Mateus, 15:18).

Por possuirmos tantos defeitos e cometermos inúmeras faltas somos especialistas em perceber as falhas do nosso irmão. Assim aquele que mais comenta e destaca os defeitos do próximo, por certo, é o que mais os possui, uma vez que se identifica plenamente com eles.

O engenheiro hábil fala com propriedade sobre edificações. O especialista sobre informática discorre, com conhecimento de causa, sobre computadores. O médico habilidoso discursa, com segurança, sobre os métodos mais eficazes para tratamento de doenças. Já o homem inferior e repleto de imperfeições, com maestria, gasta seu tempo observando e destacando o lado negativo da vida alheia.

A nossa atual condição evolutiva é tão precária, que se nos propuséssemos, realmente, a combater as más tendências que ainda carregamos no âmago, sem dúvida, não sobraria tempo algum para bisbilhotarmos o comportamento de ninguém. Mas, o que fazemos com mais frequência é exatamente o inverso: cuidamos mais de observar como vivem aqueles que se relacionam conosco, do que trabalhar, dedicadamente, no combate ao orgulho que insiste em viver em nossa intimidade.

Temos imensas dificuldades em reconhecer as virtudes e as qualidades do nosso próximo, isso requer humildade, compreensão e desprendimento, aquisições que ainda não possuímos. Em inúmeras oportunidades, quando identificamos a grandeza dele temos que admitir a sua superioridade em relação a nós. E, o orgulho que ainda carregamos nem sempre permite isso, assim, preferimos denegri-lo ao invés de exaltá-lo.

Quando não temos a força necessária para acendermos uma lâmpada que possa clarear o nosso caminho, preferimos quebrar as luzes que iluminam as estradas alheias para que todos fiquemos na escuridão. Na maioria das vezes é assim que age a criatura humana. É bem mais fácil e rápido destruir do que construir. Uma marreta em mãos desgovernadas destrói, muitas vezes em pouco tempo, aquilo que os séculos construíram.

"Quem não tiver pecado, atire a primeira pedra" (Jesus, João, 8:7), com essa advertência Jesus ensinou a compreensão e a tolerância de uns para com os outros, destacando a necessidade da indulgência, do perdão e da solidariedade no meio social, uma vez que todos nós queremos uma vida de paz e serenidade, e, obviamente não lograremos alcançar essa condição se continuarmos a guerrear com aqueles que caminham ao nosso lado.

Nosso irmão quer ser feliz, nós também desejamos incansavelmente a felicidade, por que então, não trabalharmos acirradamente para obtermos tão esperada conquista?

Os problemas do próximo, são do próximo, não são nossos, portanto cuidemos daqueles que nos pertencem, resolvendo-os da melhor maneira possível. Só devemos nos preocupar com os irmãos de jornada quando for para ajudá-los, só nesses casos.

Direcionemos o foco das nossas atenções para as imperfeições que ainda nos incomodam e cuidemos de tirar "o homem velho que ainda mora dentro de nós", conforme nos orientou Paulo de Tarso, fazendo nascer uma criatura nova, ajustada e delineada aos moldes do evangelho de Jesus Cristo.

Antes de identificarmos os defeitos alheios procuremos combater os nossos...

Capítulo 17

Amar indistintamente

Mas eu vos digo: Amai os vossos inimigos, fazei bem ao que vos tem ódio, e orai pelos que vos perseguem e caluniam.

Jesus, Mateus, 5:44

Diante do estágio atual da humanidade, onde ainda insistimos em cultuar o hábito de levar vantagem em tudo e jamais suportar desaforos, temos imensas dificuldades em vivenciar as valiosas e oportunas lições de Jesus Cristo.

O "Mestre" esteve pessoalmente no mundo há mais de dois mil anos, exatamente para demonstrar, na prática, às criaturas, o verdadeiro caminho para o encontro com a paz e com a felicidade, metas que buscamos ansiosamente e que ainda não logramos atingir.

Ao informar a necessidade de amarmos os inimigos, de fazer o bem indistintamente e de orar por aqueles que nos caluniam, desejou traçar à humanidade um roteiro de boa conduta para que cada pessoa, no âmbito de sua órbita de ação, pudesse seguir seu caminho com serenidade.

Mas, infelizmente, guardando no coração o egoísmo e o orgulho, essas nefastas e terríveis chagas da humanidade, temos ainda enormes dificuldades para amar aqueles que nos fazem sofrer. Quase sempre, tomamos caminhos à contramão dos ensinos evangélicos, agindo equivocadamente, sem refletir sobre os ensinamentos do Cristo, agravando de forma sensível o nosso já sofrido quadro de vida.

Se retribuirmos aos nossos irmãos as ofensas e os males que nos causam nos nivelaremos a eles, não indo além da posição que ocupam, mas se agirmos de acordo com as lições do Cristo seguiremos muito adiante e assumiremos postura que sintoniza com a Providência Divina, que observando os nossos esforços se prontificará a nos amparar nas necessidades que torturam os nossos dias.

Francisco de Assis há mais de um milênio já entendendo essa assertiva pronunciou: "é dando que se recebe". Quem dá amor, recebe amor; quem dá educação, recebe educação; quem dá paz, recebe paz; mas quem dá violência, ódio e animosidade não deve esperar outra coisa senão as reações da mesma natureza. É a lei de causa e efeito, de ação e reação, funcionando no seio das coletividades.

Foi, sem dúvida, por essa razão que Jesus não delegou sua tarefa a ninguém e por imenso amor à humanidade, veio ele mesmo trazer o seu evangelho, esse roteiro de boa conduta, que como um tesouro inexplorado repousa em nossas mãos, aguardando o nosso amadurecimento e boa vontade.

Obviamente, agora tudo dependerá de nós, trabalhar intensamente para que o progresso moral e espiritual se deem mais rapidamente em consonância com a lógica cristã ou seguir na inércia e na ociosidade, longe dos luminosos faróis divinos, trilhando nossos passos no seio das trevas da ignorância.

Não nos resta nenhuma dúvida, os caminhos

seguidos até aqui, de acordo com os padrões de vida que elegemos, demonstraram não ser os mais adequados, uma vez que no mundo que nos acolhe, se levantam diariamente montanhas de dor e se abrem abismos de aflições, decorrentes das ações impetradas.

Para guerrearmos precisamos de armas poderosas, equipamentos pesados, estratégias bem elaboradas, extrema cautela e cuidados, já para vivermos em paz bastam apenas a serenidade e o sorriso, a mansuetude e a fraternidade. Em sã consciência, o que é melhor e mais racional para nós?

O guia e modelo a ser seguido pela humanidade é Jesus. Então, se queremos paz e felicidade, o que estamos esperando para acompanhá-lo?

Capítulo 18

Verdadeira fortuna

O homem não possui de seu, senão aquilo que pode levar deste mundo. O que ele encontra ao chegar e o que deixa ao partir, goza durante sua permanência na Terra.

Allan Kardec, *O Evangelho segundo o Espiritismo*, capítulo 16, item 9

Vivendo ainda em um mundo de expiações e provas, atual estágio do nosso planeta, onde o mal, por enquanto, é maior que o bem, com naturalidade nos deparamos com o conceito equivocado de que a verdadeira fortuna se caracteriza pela quantidade de bens que possuímos. Quanto mais posses materiais tem a criatura, maior é a sua fortuna.

Embora os benefícios que o dinheiro pode proporcionar quando aplicado de forma justa e equilibrada, a verdadeira fortuna não é aquela que se destina ao uso do corpo, mas tudo o que se refere ao uso do espírito: a inteligência, os conhecimentos e as qualidades morais.

Os bens materiais, os recursos amoedados passam de mão em mão. Hoje podem estar conosco, amanhã em poder de outros, já as aquisições espirituais são definitivamente nossas, intransferíveis, formando as riquezas que dão origem à verdadeira fortuna, ou seja, aquela que carregamos no íntimo.

É afortunada a criatura que já entendeu a real necessidade de viver humildemente, despida de orgulho e vaidade, se portando na vida como um doador de alegrias e serenidade aos irmãos do caminho.

É afortunado o homem que conseguiu se sensibilizar pela dor e pelo sofrimento daqueles que seguem ao seu lado, movimentando recursos à sua disposição para amenizar as agruras dos corações torturados.

É afortunado quem já percebeu que todas as riquezas do mundo são insuficientes para comprar a paz e a tranquilidade de consciência.

São afortunados os pais que se esforçam em ensinar aos filhos as lições imprescindíveis da honestidade, da gratidão, da lisura de caráter e do respeito ao próximo.

São afortunados os líderes religiosos que lecionam ao povo as inesquecíveis lições de Jesus Cristo, com exemplos práticos e total fidelidade aos ensinamentos cristãos.

São afortunados os líderes políticos e administrativos que sabem, com maestria e coragem, dirigir convenientemente a humanidade pelos seguros caminhos da dignidade e da honradez.

São afortunados aqueles que possuem posses materiais e as aplicam em favor do desenvolvimento social, sem trancafiá-las em cofres, para o atendimento de caprichos pessoais.

São afortunados os que possuem amor no coração e conseguem amar muito além dos seus familiares e amigos, entendendo que fazemos parte de uma imensa família, a universal, onde somos todos filhos do mesmo Deus, que distribui direitos e deveres de forma igualitária.

São afortunados os que se desgastam trabalhando constantemente em favor das camadas populacionais mais carentes, desenvolvendo ações que possibilitem a chegada do socorro em forma de oportunidades aos que seguem à margem da estrada.

São afortunados os idealistas, os desprendidos, os mansos e pacíficos, os de caráter ilibado, os que lutam diuturnamente pela formação de uma sociedade mais justa, fraterna e humana.

São pobres, muito pobres, aqueles que ainda vivem para juntar tesouros na Terra, acumular patrimônios visando usufruir de caprichos pessoais, em atendimento ao egoísmo que obscurece suas mentes e corações.

A verdadeira fortuna não está na quantidade de dinheiro que temos, mas na paz da consciência tranquila diante dos deveres cristãos fielmente cumpridos.

Reflitamos...

Capítulo 19

A ABRANGÊNCIA DA CARIDADE

A caridade é o processo de somar alegrias, diminuir males, multiplicar esperanças e dividir a felicidade para que a Terra se realize na condição do esperado Reino de Deus.
Emmanuel, psicografia de Francisco C. Xavier, *Neste instante*

O AMOR EM AÇÃO gera a caridade. A caridade em movimento propicia a origem de inúmeros benefícios que fazem nascer a fraternidade e a solidariedade entre as criaturas, virtudes indispensáveis para a edificação de uma sociedade mais justa e humana.

Geralmente, quando nos referimos à caridade, por questões históricas e hábitos já adquiridos, pensamos logo em socorrer alguém que está passando por dificuldades, com cestas básicas de alimento, roupas, calçados, remédios e outros, isto é, o oferecimento de itens materiais.

Obviamente que atender o sofrimento de um irmão com coisas materiais é, incontestavelmente, um valoroso gesto caridoso, mas em realidade a caridade é muito mais ampla e abrangente.

Fazemos caridade quando, no âmbito doméstico, sabemos respeitar os familiares e nos esforçamos ao máximo para contribuir visando a construção de um lar sólido, sereno e ordeiro.

Fazemos caridade quando temos notícia de uma família que viu partir um de seus membros pela desencarnação, e nos propomos a visitá-la, apresentando a nossa solidariedade e a disposição em estar presente sempre que preciso.

Fazemos caridade quando identificamos um doente sem recursos financeiros para a compra dos medicamentos de que necessita e, com determinação, saímos em busca de ajudá-lo, mesmo que seja procurando nos consultórios médicos por remédios de amostra grátis.

Fazemos caridade quando nos ligamos a associações, grupos de serviços ou comissões que têm como objetivo descobrir os problemas sociais da comunidade, desenvolvendo ações para saná-los.

Fazemos caridade quando edificamos, junto com amigos que se afinizam conosco, uma instituição para abrigar crianças, adolescentes e jovens em situação de risco, livrando-os, mediante processos educativos, dos terríveis perigos do consumo e tráfico de tóxicos, criminalidade e prostituição.

Fazemos caridade quando saímos à procura de emprego a um pai de família, muitas vezes já no desespero pela falta de trabalho e consequente escassez vivenciada em seu lar.

Fazemos caridade quando somos empresários e entendemos que os nossos funcionários também anseiam por uma vida melhor, para si e para a sua família e tudo fazemos para dar mais que salário, oferecendo a eles dignidade e condições de prosperidade, sem tratá-los apenas como números estatísticos de produção.

Fazemos caridade quando somos funcionários e agimos com honestidade, honra e ética junto aos nossos postos de trabalho, cumprindo fielmente com as nossas obrigações, em reconhecimento à fonte de onde tiramos o sustento para a nossa vida.

Agindo assim, com a visão ampliada, lograremos vivenciar a caridade em toda a sua abrangência, oferecendo ao mundo a nossa indispensável parcela de contribuição para a implantação definitiva da paz que tanto ansiamos.

Reflitamos...